VERY GOOD McCARTNEY TRIP

MICHKA **ASSAYAS**
ET MAUD **BERTHOMIER**

RETROUVEZ LA PLAYLIST **VERY GOOD BOWIE TRIP**
ISSUE DE LA SÉRIE D'ÉTÉ DE FRANCE INTER
EN SUIVANT CE QRCODE.

PAGES SUIVANTES : **À NEW YORK EN 1982.**
© IMAGES PRESS / GETTY IMAGES

SOMMAIRE

PRÉFACE

L'ENFANT AUX SUPER-POUVOIRS

Paul McCartney est entré très tôt dans ma vie. Je devais avoir six ou sept ans. Je fixais la pochette de *Rubber Soul*, le premier « grand disque » que j'aie vu de ma vie. Les visages penchés des quatre Beatles écrasaient le petit enfant que j'étais. Le vert intense sur lequel se détachaient leurs têtes géantes me faisait l'effet d'une forêt mystérieuse d'où surgissaient ces héros surnaturels. Ils ne souriaient pas mais n'étaient pas tristes non plus ; simplement, ils étaient supérieurs.

Je me rappelle aussi une photo en noir et blanc, au verso : un portrait de Paul, une sombre frange couvrant presque ses yeux baissés, allumant une cigarette. Je crois que là est né mon désir secret d'être un Beatle, et Paul, de préférence. Sans doute ma mère avait-elle capté ce vœu inexprimé puisqu'elle me coiffa d'une coupe au bol, au moins jusqu'à mes douze ans, en 1970.

J'ai un autre souvenir très ancien. Pour mon premier devoir d'anatomie, en CM2, le maître d'école nous avait demandé de choisir dans un journal la photo d'un homme (jeune) en pied. Il fallait en découper le contour, coller l'image sur la page d'un cahier et indiquer par des flèches le nom de ses différents muscles (si ma mémoire est bonne). En choisissant une photo de Paul McCartney, j'eus l'impression de commettre un acte d'une insolence sans bornes, susceptible d'être gravement puni. Quand le maître vérifia mon devoir, il sembla ahuri. Il s'écria d'un ton exaspéré : *« Pourquoi tu m'as mis un yé-yé ? Il fallait prendre un sportif ! »* Cet acte d'une folle audace m'a rendu infiniment fier.

Pour les enfants de ma génération, la séparation des Beatles a été à la source d'un chagrin diffus. Privée de la présence de ces magiciens, ma jeunesse s'est retrouvée comme endeuillée. Chacun des Beatles, pris séparément, avait l'air d'un super-héros brusquement privé de ses pouvoirs. Dans une de ses premières chansons en solo, John s'exclamait : *« I don't believe in Beatles. »* Dans une autre, il se moquait carrément de Paul en disant qu'à ses oreilles son ancien ami ne faisait que de la *« musique d'ascenseur »*. Ça m'avait traumatisé.

Longtemps, certains admirateurs des Beatles ont jugé la musique de Paul à travers le regard de John. J'ai moi-même longtemps négligé, voire méprisé, la musique de Paul, n'ayant jamais acheté un album de son groupe Wings. J'ai attendu l'année 1989 pour renouer avec lui pour une raison qui aujourd'hui me semble futile : McCartney avait entamé une collaboration avec un de mes héros, Elvis Costello. L'album qui en avait résulté, *Flowers in the Dirt*, m'avait néanmoins déçu.

À moi comme à d'autres, il a fallu beaucoup de temps pour surmonter la nostalgie des Beatles et accorder à la musique de Paul McCartney l'attention qu'elle méritait. Élaborer cette série en neuf épisodes pour France Inter à l'été 2023 m'a permis d'écouter sans préjugés toute sa production, dont j'avais trop souvent ignoré les beautés. J'ai été confronté à une sorte d'énigme : comment Paul McCartney a-t-il fait pour aborder d'aussi nombreux styles, somme toute classiques, avec une éternelle fraîcheur ? Quel est le secret de cette légèreté de touche qu'il a su conserver toute sa vie ?

Je me suis rendu compte, en élaborant cette série, qu'un mot résume peut-être son secret : l'enfance. Paul McCartney a su garder avec elle une connexion qui lui permet encore de se transporter en tapis volant vers son territoire magique. Comme tout ce qu'il y a de plus beau dans l'existence, c'est inexplicable. ◆

Michka Assayas

PAGES SUIVANTES : **LES BEATLES AUX TEDDINGTON TV STUDIOS, PENDANT L'ENREGISTREMENT DES SÉQUENCES POUR L'ÉMISSION *BIG NIGHT OUT* DE ABC-TV, LE 23 FÉVRIER 1964.** © MIRRORPIX / BRIDGEMAN IMAGES

CHAPITRE 1

LE CRI DU ROCK'N'ROLL

Longtemps, une certaine critique s'est complu à présenter le plus souriant des Beatles comme le sage de la bande. Une apparence plus que trompeuse, comme on a pu le constater dès ses débuts.

UNE CHANSON POUR LES ROLLING STONES

La voix que l'on entend dans la chanson « I Wanna Be Your Man » peut désarçonner. De fait, ce n'est pas Paul McCartney qui interprétait « I Wanna Be Your Man », mais un Mick Jagger très jeune. Celui-ci n'avait que vingt ans en novembre 1963 quand est parue cette chanson, le second 45 tours (single) que signait un tout jeune groupe de blues londonien du nom des Rolling Stones. On y relève un solo à la guitare slide, aux notes glissées, interprété par le guitariste Brian Jones, un musicien charismatique qu'on présentait alors comme le leader des Stones.

LA PLAYLIST
THE ROLLING STONES
I WANNA BE YOUR MAN
(1963)

Pourquoi choisir une chanson interprétée par les Rolling Stones au moment d'entamer ce voyage musical en compagnie de Paul McCartney ? La raison en est simple : aussi surprenant que cela puisse paraître, « I Wanna Be Your

PAUL HABILLÉ EN HOMMAGE À BUDDY HOLLY, LE 9 JUILLET 1982. © BRIDGEMAN IMAGES

Man » est l'œuvre de John Lennon et Paul McCartney. Pour être parfaitement exact, Paul McCartney a d'abord composé seul cette chanson avant de la terminer à la hâte avec John dans le studio De Lane Lea, situé dans le quartier londonien de Soho, là où enregistraient les Stones. Ceux-ci n'écrivaient pas encore leurs propres chansons, se consacrant exclusivement à des reprises de titres de blues et de rhythm'n'blues qu'ils adaptaient à leur façon. Cependant, sous l'impulsion de leur jeune manager Andrew « Loog » Oldham, qui avait travaillé aux côtés de Brian Epstein (l'impresario des Beatles), ils étaient à la recherche d'un succès commercial. Et c'est ainsi que la chanson « I Wanna Be Your Man » leur a été offerte par les Beatles. Dans son beau livre *Paroles & souvenirs de 1956 à aujourd'hui* (Buchet-Chastel, 2021), richement illustré de manuscrits et de photos rares, il écrira : *« Notre version sonnait plutôt blues, syncopée à la Bo Diddley ; celle des Stones est beaucoup plus brutale, presque punk. »*

Trop souvent, on a présenté les Beatles et les Rolling Stones comme des rivaux, voire des ennemis. De façon aussi superficielle que péremptoire, on a pu présenter leurs styles comme antinomiques. Or, le premier succès commercial des Stones est une chanson des Beatles. Qui plus est, ceux-ci la leur ont offerte parce qu'ils étaient leurs potes. La chanson « I Wanna Be Your Man » n'est peut-être pas ce que Paul McCartney a fait de meilleur, mais elle reste représentative de ce qu'il a en lui de meilleur et de plus vivant, à savoir le rock'n'roll. Pendant trop longtemps, beaucoup se sont complu à percevoir en Paul le visage tendre des Beatles : le « gentillet », le « mièvre », le « lénifiant », a-t-on pu écrire en France comme ailleurs, par opposition à un John qui aurait été plus dur, plus teigneux, plus rebelle, plus « rocker » en somme, un vrai de vrai. Dans le livre de son ami Barry

LE 45 TOURS « I WANNA BE YOUR MAN », DES ROLLING STONES, SORTI EN 1963 CHEZ DECCA.

Miles, *Many Years from Now*, sous-titré en français *les Beatles, les Sixties et moi* (Flammarion, 2004), Paul McCartney était bien obligé de reconnaître la persistance de ce préjugé. Il disait en 1997 :

> *« Les gens supposent que John était le dur et moi le doux, si bien qu'après toutes ces années j'ai fini par l'accepter. Mais Linda* [sa femme, qu'il a perdue en 1998] *m'a dit un jour :* "En fait, tu as un côté très doux mais tu es aussi quelqu'un de dur. Seulement, chez toi ça n'apparaît pas à la surface. J'ai fini par l'apprendre à force de vivre avec toi." *C'est vrai, je peux mordre. Cette analyse de Linda est bien meilleure que celle que l'on fait de moi habituellement. »*

THE BEATLES
I SAW HER STANDING THERE
(1963)

Il me paraît essentiel d'aborder Paul McCartney par sa face cachée et de présenter de lui un visage sinon dur, du moins plus tranchant que celui qu'on lui connaît habituellement. Ce qu'illustre très bien « I Saw Her Standing There », un des premiers classiques de McCartney. Cette chanson constitue l'entrée en matière du premier album des Beatles, *Please Please Me*, sorti en mars 1963. Comme « I Wanna Be Your Man », elle est l'œuvre du seul McCartney. Dans *Paroles et souvenirs de 1956 à aujourd'hui*, il raconte l'avoir fait entendre pour la première fois à John Lennon dans le salon de son père, alors qu'ils fumaient du thé dans l'une de ses pipes. Oui, du thé dans une pipe. Classique dans son contenu, elle raconte l'histoire d'un garçon dont le cœur fait boum parce qu'il invite une fille à danser. Les paroles sont enracinées dans une vieille tradition music-hall et on en fait vite le tour. La voix de Paul, néanmoins, est animée d'une sauvagerie rugissante dans ce rock'n'roll à la Chuck Berry, traduisant l'intensité du désir sexuel propre à un garçon de vingt ans.

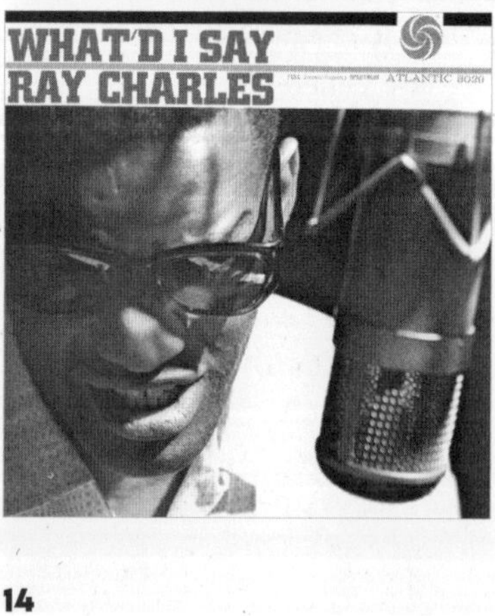

DE HAUT EN BAS :
L'ALBUM *PLEASE PLEASE ME*,
SORTI EN 1963 CHEZ PARLOPHONE.
L'ALBUM *WHAT'D I SAY*, DE RAY CHARLES,
SORTI EN 1959 CHEZ ATLANTIC.

UNE VIRÉE À HAMBOURG, LOIN DE LIVERPOOL

THE BEATLES
SHE'S A WOMAN
(1963)

Quand on écoute « She's a Woman », que Paul McCartney chante en 1964 avec les Beatles, il est difficile de ne pas penser à la célèbre chanson « What'd I Say » de Ray Charles. Tout le monde a entendu celle-ci au moins une fois dans sa vie. Elle s'amorce sur un rythme de rumba avant de monter vers un final paroxystique, durant lequel un chœur féminin, comme au gospel, répond aux cris, soupirs et ahanements du chanteur. Cette montée, contrairement au gospel, n'a rien de religieux. Sa dimension est séculière et même carrément sexuelle, ce que McCartney a évidemment senti. La découverte de « What'd I Say » en 1960 a constitué pour lui une véritable révélation. C'est lui qui a eu l'idée d'introduire cette chanson de Ray Charles dans le répertoire des Beatles à une époque où ils se produisent dans des boîtes sordides à Hambourg, en Allemagne. Sous l'impulsion de Paul, « What'd I Say » devient une sorte de numéro délirant. Comme il le racontera à son biographe Barry Miles, il roulait sous les tables et hurlait dans le micro.

L'évocation de cette première période du groupe va permettre de balayer une autre idée reçue particulièrement infondée, selon laquelle les Beatles auraient été de jeunes garçons obéissants et bien peignés, extrêmement sages et disciplinés. Combien de fois l'a-t-on lu et entendu ? Pourtant, rien n'est plus éloigné de la réalité. La vraie histoire, beaucoup moins lisse et respectable, est la suivante. En 1960, un impresario du nom d'Allan Williams les expédie ainsi à Hambourg, en Allemagne de l'Ouest, la grande ville portuaire du nord du pays. Cet Allan Williams avait, au préalable, fait la connaissance d'un certain Bruno Koschmider, un ancien artiste de cirque, clown et cracheur de feu, qui gérait un circuit de boîtes de strip-tease et de cinémas porno dans le quartier chaud de Sankt Pauli. Ce dernier s'était aperçu que la musique américaine enthousiasmait les jeunes Hambourgeois. Il avait estimé qu'avoir des groupes live, en particulier pour animer certaines de ses salles qui ne marchaient pas très bien, serait bon pour son business. Peu de choix s'offraient à lui. Faire venir des musiciens des États-Unis était hors de prix. Les fanfares allemandes étaient hors du coup. La seule solution envisageable était de faire venir des musiciens d'Angleterre, ersatz du rock'n'roll américain à la mode.

Les Beatles, quatre gamins inconnus hors de Liverpool, débarquent donc, très jeunes, à Hambourg : George Harrison, le benjamin de la bande, n'a que seize ans. Ils commencent à l'Indra, une salle miteuse, ayant pour simple décor une mini-scène, une micro-piste de danse, quatre tables à droite, deux à gauche et cinq banquettes. Ils apprennent qu'ils doivent y jouer sept jours sur sept et donner quatre concerts par soirée : de 20 h 30 à 21 h 30, de 22 h à 23 h puis enchaîner de 23 h 30 à minuit et demi et terminer de 1 h à 2 h du matin. Pour tenir, ils boivent bière sur bière, prennent toutes sortes de stimulants à leur disposition, notamment un médicament qu'on appelle le Preludin, sorte de coupe-faim. Puis, quand vient l'heure du coucher, Koschmider leur offre royalement les loges sans fenêtre d'un de ses théâtres porno. Pour se laver, les urinoirs sont à disposition. L'accueil est spartiate, mais les quatre Beatles eux-mêmes semblent se fondre dans le décor. Ils rendent régulièrement visite aux professionnelles des vitrines de Sankt Pauli, l'équivalent

de Pigalle, et attrapent leurs premières maladies vénériennes. Sur scène, ils mangent des cuisses de poulet et s'invectivent entre les chansons. Encouragés par Koschmider qui leur lance un *« Macht Schau, Engländer! »* (*« Faites le show, les Anglais ! »*), ils jouent à la bagarre, se jettent dans le public, roulent sous les tables, comme Paul pendant une heure durant « What'd I Say? ».

Le public, en face d'eux, est tout aussi remuant. Il est venu là pour expulser son énergie frustrée. Des garçons se bagarrent pour des filles. Des marins britanniques, présents à Hambourg, se battent avec les locaux. Surtout, les rockers hambourgeois, en tenue de cuir noir, à l'image de Marlon Brando dans le film *The Wild One* (*L'Équipée sauvage*), prennent pour cible leurs ennemis de classe, les Exis, ces étudiants beatniks en polo noir qui se réclament de Jean-Paul Sartre et de l'existentialisme. Les Beatles, qui adoptent le cuir noir des rockers locaux, attisent en fait la colère des deux bandes, à la fois les prolétaires et les étudiants. L'ambiance est électrique. L'équipe de videurs, menée par un ancien boxeur professionnel, utilise souvent la matraque pour séparer les groupes qui se battent. Au total, les Beatles auront joué plus de huit cents heures à Hambourg, où ils deviendront des musiciens aguerris. Et manifestement, Paul n'était pas le moins fou de la bande.

DES TEXTES DE LA TAILLE D'UN POST-IT

L'amour de Paul pour un rock'n'roll aussi ardent que sommaire ne s'est jamais démenti, comme en témoigne l'inclusion de « Why Don't We Do It in the Road? » et « Birthday » dans le célèbre album des Beatles paru à l'automne 1968, qu'on a pris l'habitude de surnommer le *Double Blanc*. Signées Lennon-McCartney, ces deux chansons ne doivent pour autant rien au premier. Au contraire, l'une et l'autre ont été improvisées par Paul McCartney, la nuit au Studio Two d'Abbey Road, en compagnie de quelques amis, dont Eric Clapton. Comme il l'explique dans le livre *Many Years*

LES BEATLES À L'INDRA CLUB EN 1960.

from Now, « Birthday » est construite sur le riff de « Lucille » de Little Richard, que Roy Orbison avait lui-même repris dans « Oh! Pretty Woman », une chanson universellement connue. Les paroles, quant à elles, tiennent sur un demi Post-It.

THE BEATLES
BIRTHDAY
(1968)
WHY DON'T WE DO IT IN THE ROAD?
(1968)
HELTER SKELTER (1968)

Pour celles de « Why Don't We Do It in the Road? », un quart de Post It suffirait. *« Pourquoi on ne fait pas ça sur la route ? / Personne ne va nous voir. »* Paul hurle en boucle ces quelques mots pendant une minute quarante. C'est de loin la chanson la plus sommaire qu'il ait jamais écrite et interprétée. Comme il le commentera plus tard, *« c'est l'une des plus grandes forces du rock'n'roll d'être aussi brut, vraiment brut. Quelque chose de très simple, voire grossier, qui nous relie à ce qui est enfoui en nous. Peut-être même, carrément, à tout notre système nerveux. »* John Lennon à l'inverse, souvent présenté comme un dur à cuire, insolent et rebelle, n'a jamais écrit et interprété de chanson aussi ouvertement sexuelle. Il se montrait souvent provocant, narquois, persifleur et sarcastique, que ce soit avec les Beatles ou en solo. Toutefois une pudeur semble l'avoir toujours arrêté face à l'évocation crue de la sexualité et de son inhérente sauvagerie. Paul McCartney, présumé mièvre et fleur bleue, lui, n'hésitait pas une seconde.

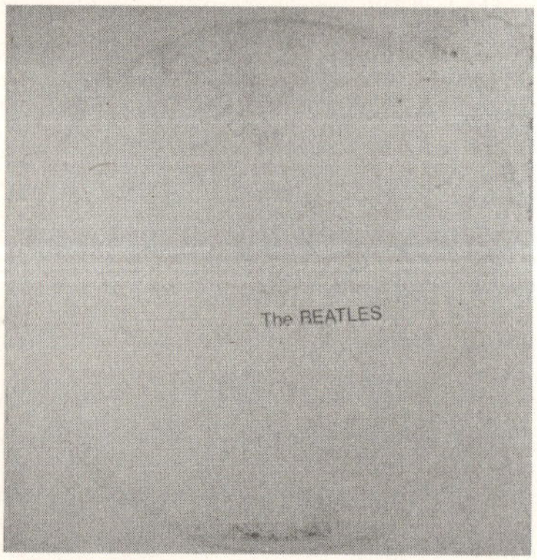

L'ALBUM *THE BEATLES* (AKA *DOUBLE BLANC*), SORTI EN 1968 CHEZ APPLE.

Autre manifestation de cette brutalité cachée propre à Paul McCartney, si souvent dissimulée derrière l'apparence lisse et souriante qu'on lui connaît : la chanson « Helter Skelter », un autre sommet du célèbre *Double Blanc*. « Helter Skelter » désigne en anglais une attraction de fête foraine : un toboggan en spirale tournant autour d'un pylône. Les paroles disent explicitement : *« Quand*

je me retrouve en bas / Je remonte en haut du toboggan.» Autrement dit, explique Paul McCartney, on est euphorique et puis après on se sent minable. Évidemment, cela fait référence aussi à certaines drogues qui procurent le même effet : une montée joyeuse suivie d'une descente brutale, tout comme au sexe. McCartney avait suggéré aux autres Beatles de relever le défi que Pete Townshend, le guitariste des Who, avait lui-même lancé à son groupe, à savoir, d'après ses mots, *« écrire la chanson la plus bruyante, la plus sale, la plus distordue qui soit »*. McCartney avait suggéré de faire pire encore,

EN STUDIO, LE 10 OCTOBRE 1968. © LINDA McCARTNEY / TOUS DROITS RÉSERVÉS

ce qui avait donné lieu à un enregistrement épuisant pour les quatre Beatles. À la fin de la chanson, on entend d'ailleurs le malheureux Ringo, qui a de plus en plus de mal à garder le tempo, hurler : *« J'ai des ampoules aux doigts ! »* « Helter Skelter » reste aujourd'hui l'une des principales sources du hard rock et même du heavy metal. Des genres qui trouvent donc une de leurs sources chez les supposés « gentils » Beatles et le supposé « mièvre » McCartney.

DEUX VISIONS DU MONDE

Autre rock'n'roll tardif dans la carrière des Beatles, « I've Got a Feeling » est une chanson enregistrée en 1969 et qu'on a pu réentendre à l'occasion d'une récente découverte archéologique tout à fait stupéfiante. L'événement a fait beaucoup de bruit : la sortie en 2021 sur une célèbre plateforme de streaming américaine d'une mini-série documentaire passionnante de près de huit heures, intitulée *Get Back*. Le réalisateur Peter Jackson a eu le privilège d'assembler des rushes de films inédits montrant les Beatles au travail, en studio, au début de l'année 1969. Le titre de la série reprend celui d'un album projeté puis abandonné par le groupe en 1969, réassemblé l'année suivante après leur séparation sous le titre de *Let It Be*. Dans ce documentaire, on les voit travailler dans une ambiance chaotique, traversée néanmoins par des moments de joie pure.

L'AFFICHE DE LA SÉRIE DOCUMENTAIRE *GET BACK*, DE PETER JACKSON, SORTIE EN 2021 SUR DISNEY+.

Comme nombre de chansons des Beatles, « I've Got a Feeling » greffe deux titres qui avaient été ini-

THE BEATLES
I'VE GOT A FEELING
(1969)

tialement écrits séparément par McCartney et par Lennon. Cette réunion révèle l'approche différente, voire opposée, de la vie qu'ils avaient l'un et l'autre. D'un côté, McCartney chante *« I've got a feeling / A feeling deep inside »*, *« J'ai comme un sentiment au fond de moi »*. De l'autre, Lennon répond *« Everybody had a hard year »*, *« On a tous passé une mauvaise année »*. L'un imagine que le ciel peut encore s'éclaircir, l'autre fait un sombre bilan. C'est la rencontre de ces deux contraires, le positif et le négatif, qui fait la chanson. Comme le révèle McCartney, *« Pendant un an ou deux, la vie de John a été vraiment difficile. La fin de son mariage. L'éloignement de son fils Julian. Des problèmes avec l'héroïne. »* Dans les images de 1969 montées par Peter Jackson, on découvre un Lennon passif, parfois démobilisé, voire complètement absent. McCartney, avec son esprit positif, combatif, même, fait quant à lui face au chaos et à la mauvaise ambiance qui vont bientôt faire sombrer le navire des Beatles. Il n'hésite pas à se saisir d'une main ferme du gouvernail, que personne n'a franchement envie de prendre à sa place. Dans la voix de McCartney, on entend ainsi de la rage, rage qui est un des fils que je tente de tirer dans ce premier chapitre consacré à sa face rock'n'roll.

AVEC WINGS, LE RETOUR À UN ROCK'N'ROLL TRIBAL

Après la fin des Beatles, Paul McCartney va être le seul des ex-membres à avoir le courage de monter un autre groupe. Il l'appelle Wings et avec celui-ci Paul sort à la fin de l'année 1971 un premier album intitulé *Wild Life*, qu'une critique sévère accueille avec un certain dédain. Dès l'année suivante, dans des conditions amateurs, Paul part en tournée avec Wings, dont le noyau est constitué de lui, de sa jeune femme Linda et d'un ancien membre des Moody Blues, Denny Laine. Ils vont ainsi parcourir en van les routes du Royaume-Uni, s'arrêtant pour donner des concerts impromptus sur des campus d'université. L'une de leurs chansons s'intitule « The Mess ». Typique du son de Wings sur scène, c'est un rock'n'roll tribal qui n'a pas pris une ride.

La chanson « Nothing Too Much Out of Sight », tirée du même album, est, à la différence des précédentes, beaucoup plus tardive et moins connue. Paul McCartney âgé de soixante-six ans en 2008 l'interprète sous le nom mystérieux de The Fireman, le Pompier. Pourquoi ce pseudonyme ? En fait, c'est une curieuse histoire dont la genèse remonte au début des années quatre-vingt-dix. Dans ces années-là, McCartney, toujours en éveil, est à la recherche de nouveauté et rencontre un musicien qui se fait appeler Youth. De son état civil Martin Glover, il est le bassiste de Killing Joke, un groupe important de l'après punk britannique. Il est aussi un réalisateur artistique très réputé, qui a travaillé notamment avec The Orb et d'autres jeunes musiciens de techno du début des années quatre-vingt-dix. Youth et McCartney décident de collaborer. Ils enregistrent en 1993 et 1998 deux albums instrumentaux de musique électronique, une sorte de transe tribale, puis se retrouvent en 2008 pour un troisième enregistrement intitulé *Electric Arguments* où, surprise, figurent beaucoup de titres chantés.

WINGS
THE MESS (LIVE) (1972)
THE FIREMAN
NOTHING TOO MUCH OUT OF SIGHT (2008)
PAUL McCARTNEY, DAVE GROHL, KRIST NOVOSELIC, PAT SMEAR
CUT ME SOME SLACK (2013)

Une chanson plus surprenante encore peut conclure cette exploration de la face rock'n'roll de Paul McCartney : « Cut Me Some Slack » que Paul McCartney a interprétée en décembre 2012 sur la scène du Madison Square Garden de New York. Il l'avait fait dans le cadre d'un concert destiné à lever des fonds pour les victimes de l'ouragan Sandy, le plus meurtrier du nouveau siècle, qui avait fait plus de deux cents victimes en passant à travers huit pays. McCartney s'était associé pour la circonstance aux membres survivants du groupe Nirvana : Dave Grohl à la batterie, Krist Novoselic à la basse et aussi Pat Smear, guitariste d'appoint du trio sur scène. ◆

WINGS EN ARLES, EN FRANCE, EN 1972. © GIJSBERT HANEKROOT / ALAMY BANQUE D'IMAGES

CHAPITRE 2

L'ENFANT SAVANT DE LA MÉLODIE

De « Yesterday » à « English Tea », cet explorateur du familier a su cueillir en chemin de merveilleux airs à l'énigmatique simplicité.

LA GENÈSE DE « YESTERDAY »

THE BEATLES
YESTERDAY
ANTHOLOGY 2 VERSION (1965)

Que n'a-t-on pas dit sur l'air le plus célèbre, le plus repris aussi, de toute la carrière des Beatles ? Commençons par rappeler une évidence, estompée au fil du temps : « Yesterday » n'est pas l'œuvre des Beatles mais du seul Paul McCartney. Le jour où celui-ci présenta « Yesterday » à ses camarades, leur réaction fut unanime : une très bonne chanson mais pas pour eux. De fait, elle ne ressemblait en rien à celles que les Beatles avaient interprétées jusque-là, rock'n'roll et rhythm'n'blues endiablés ou encore mélodies pop inspirées de divers styles américains. Ils ne voyaient pas du tout quoi y ajouter. C'est pourquoi la première version de « Yesterday », enregistrée le 14 juin 1965 à Londres aux studios EMI, est l'œuvre de Paul McCartney, s'accompagnant simplement à la guitare.

L'histoire et le destin hors du commun de « Yesterday » méritent d'être rappelés. En 1965, Paul McCartney est dans sa vingt-troisième année.

EN STUDIO, EN 1968. © GLOBE PHOTOS / ZUMAPRESS / BRIDGEMAN IMAGES

Il est fiancé à Jane Asher, une jeune comédienne de théâtre, dont les parents, plutôt aisés, habitent une maison dans le quartier de Marylebone à Londres. Les Asher lui ont laissé l'usage d'une chambre de bonne, *« une toute petite mansarde avec une unique fenêtre, idéale pour un artiste »* – comme il l'a écrit dans son autobiographie en chansons, *Paroles et souvenirs, de 1956 à aujourd'hui* (Buchet-Chastel, 2021) – et où il est arrivé à coincer un piano droit. Un matin, Paul se réveille avec une mélodie dans la tête. D'une façon quasi-somnambulique, il en plaque les accords : sol majeur, fa dièse mineur septième, si majeur, mi mineur, mi majeur pour conclure, et ça marche. Il se dit que ça doit être un vieil air de comédie musicale qui lui est revenu dans son sommeil, peut-être une chanson de Cole Porter interprétée par Fred Astaire. Et comme les paroles lui échappent, il chante ce qui lui passe par la tête : *« Scrambled eggs / Oh my baby how I love your legs »*, ce qui donnerait en français quelque chose comme *« Œufs brouillés / Oh ma chérie, comme j'aime tes mollets »*. Il veut absolument savoir d'où sort cette chanson qui s'est déposée dans son subconscient et mène une sorte d'enquête. Il la présente à la chanteuse Alma Cogan, alors une vedette des programmes de la télévision britannique, spécialiste de ce répertoire, mais ces œufs brouillés ne lui disent strictement rien. Paul est bien obligé d'ad-

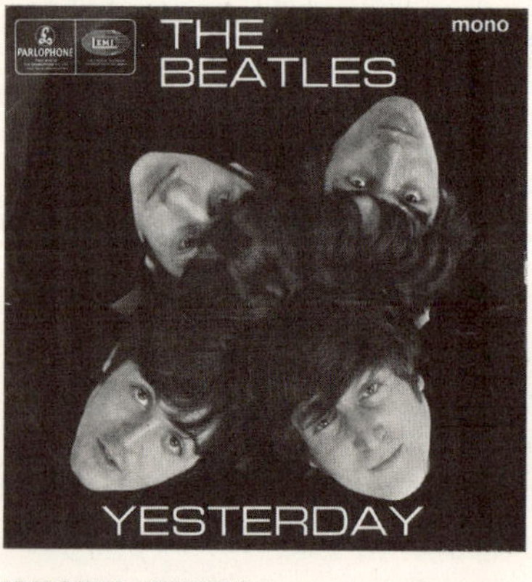

LE 45 TOURS « YESTERDAY », SORTI EN 1966 CHEZ PARLOPHONE.

LA COMPILATION *ANTHOLOGY 2*, SORTIE EN 1996 CHEZ APPLE.

mettre que la chanson n'existe pas et que c'est à lui et à nul autre qu'une force souterraine l'a pour ainsi dire dictée. Il la fait écouter aux trois autres Beatles, qui, comme on l'a vu, l'encouragent à l'interpréter seul. Longtemps, Paul ne trouvera pas de paroles pour « Scrambled Eggs ». Entre les prises du film *Help!*, il s'assoit fréquemment à un piano droit oublié dans un coin du studio, ne cessant de reprendre et perfectionner sa mélodie, rendant fou le metteur en scène américain Richard Lester, lequel menace de faire déménager le piano si Paul persévère.

La conclusion interviendra, de manière inattendue, quelques semaines plus tard. Au cours de vacances dans le sud du Portugal, alors qu'il roule sur une route côtière, Paul trouve enfin les paroles de « Yesterday », un peu comme on résout un problème de mots croisés : *« Yesterday, all my troubles seemed so far away / Now it looks as though they're here to stay / Oh, I believe in yesterday »* (*« Hier, tous mes soucis semblaient si lointains / Maintenant on dirait qu'ils sont là pour rester / Oh, comme je crois en hier... »*).

Trois jours après cette première prise aux studios EMI de Londres le 14 juin 1965, George Martin, l'homme qui supervise les séances d'enregistrement des Beatles, lui suggère une expérience : faire accompagner la chanson par un quatuor à cordes classique. Au début, Paul renâcle. Selon lui, on s'éloignerait trop du rock'n'roll et des Beatles. George Martin le fait néanmoins venir chez lui pour lui montrer au piano l'orchestration qu'il imagine, dérivée des chorals de Bach. Paul est convaincu mais il apportera de l'imprévu :

> *« Mon souci de créer quelque chose qui sonne moderne m'a poussé à ajouter quelques notes que Bach n'aurait jamais songé à utiliser. On a donc inséré la septième mineure, celle qu'on appelle la note bleue. L'arrangement de cette chanson est assez insolite. »*
> (*Paroles et souvenirs, de 1956 à aujourd'hui*, op. cit.).

Certains ont pu dire et répéter que, dans « Yesterday », Paul avait retranscrit le sentiment de perte qu'il avait éprouvé quand, à l'âge de quatorze ans, il avait eu le choc d'apprendre la mort de sa mère, emportée par un cancer. Les paroles l'exprimeraient de manière transparente : *« Suddenly, I'm not half the man I used to be »* (*« Soudain, je ne suis plus que l'ombre de l'homme que j'étais »*). Ou encore : *« Why she had to go / I don't know, she wouldn't say »* (*« Pourquoi est-elle partie / Je ne sais pas, pas un mot »*). Paul McCartney a longtemps démenti cette interprétation. Cependant, dans son livre déjà, il indique une évolution à ce sujet :

> *« Ce drame était peut-être bien présent en filigrane, de façon inconsciente. Aujourd'hui, je ne suis pas surpris que cette expérience ait refait surface dans cette chanson où la douceur le dispute à une indicible douleur. Lorsque j'ai composé "Yesterday", je venais de quitter Liverpool pour m'installer à Londres et je voyais s'ouvrir à moi tout un monde de possibilités. Tout ce que j'avais vécu par le passé, hier, ne couvrait qu'une très brève période à ce stade de ma vie. À présent, la chanson paraît encore plus pertinente, plus poignante, au vu du temps qui s'est écoulé depuis sa création. Je dois avouer que cet aspect de l'écriture de chansons n'est pas pour me déplaire, bien au contraire. »*

THE BEATLES
AND I LOVE HER
(1964)

Je voudrais m'arrêter ici sur quelques mélodies lumineuses, aussi légères que poignantes, qui ont traversé parfois, comme il l'a dit, le « système nerveux » de Paul McCartney, avec ou sans les Beatles. À commencer par « And I Love Her », la chanson des Beatles que préférait Kurt Cobain. Celle-ci figure dans l'album *A Hard Day's Night* paru en 1964 (*Quatre Garçons dans le vent*, titrait-on à l'époque en français). La chanson a été inspirée à Paul par son amour pour sa fiancée londonienne, Jane Asher, dont la famille lettrée, liée au monde du spectacle, l'avait, comme on l'a vu, accueilli comme un fils. L'introduction qu'avait trouvée George Harrison mais aussi la modulation d'un demi-ton supérieur au milieu de la chanson y sont surprenantes. Elles donnent à « And I Love Her » toute sa fraîcheur.

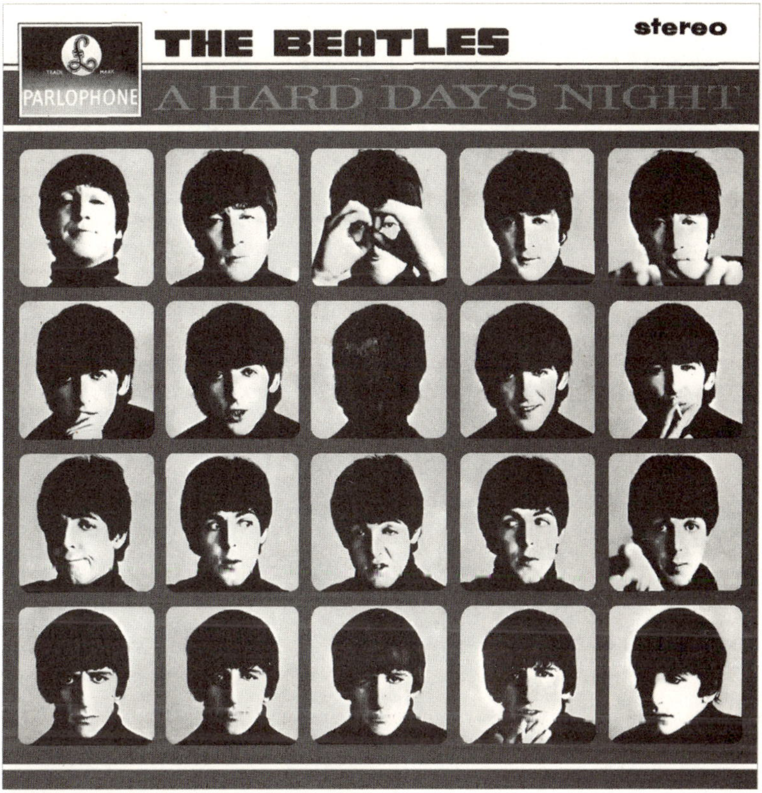

DE HAUT EN BAS :
L'ALBUM *A HARD DAY'S NIGHT*,
SORTI EN 1964 CHEZ PARLOPHONE.
LE SINGLE « AND I LOVE HER / IF I FELL »,
SORTI EN 1964 CHEZ CAPITOL AUX ÉTATS-UNIS.

DE HAUT EN BAS :
L'ALBUM *REVOLVER*,
SORTI EN 1966 CHEZ PARLOPHONE.
L'ALBUM *PET SOUNDS*, DES BEACH BOYS,
SORTI EN 1966 CHEZ CAPITOL,
DUQUEL EST EXTRAIT LA CHANSON
« GOD ONLY KNOWS ».

UN HOMMAGE AUX BEACH BOYS

THE BEATLES
HERE, THERE AND EVERYWHERE
(1966)

« Here, There and Everywhere » (« Ici, là et partout ») figure dans l'album *Revolver*, enregistré par les Beatles au printemps 1966 aux studios EMI à Londres et publié au milieu de l'été. McCartney estime dans son autobiographie *(op. cit.)* que de toutes ses compositions, celle-ci est sa préférée. Il reste néanmoins laconique, voire énigmatique, sur les raisons. *« Ce que j'aime par-dessus tout*, écrit-il, *c'est qu'on se croit en train de fouler un sentier à travers la lande, quand soudain on se retrouve au point de départ »* : une sorte d'aphorisme zen, qui vous plonge dans une méditation en spirale dont il est impossible de sortir.

Il faut souligner la tendresse de la mélodie et la délicatesse des harmonies vocales. McCartney l'a dit et redit, la mélodie et le style de « Here, There and Eveywhere » sont inspirés en droite ligne d'une chanson qu'il considère comme la plus belle jamais écrite au XXe siècle, « God Only Knows » des Beach Boys. Celle-ci inaugurait la seconde face de l'album du groupe californien, *Pet Sounds*, que McCartney et les autres Beatles avaient découvert à sa sortie en mai 1966, alors que ceux-ci étaient justement en plein enregistrement de *Revolver*. Brian Wilson, le compositeur des chansons des Beach Boys, venait de prendre un nouveau cap vers des mélodies au tempo plus lent, dont la douceur était assombrie par une tristesse insistante. « Here, There and Everywhere » commence à la façon des chansons de comédies musicales des années trente auxquelles, par convention, une petite morale servait d'entrée en matière, un peu comme une fable : *« To lead a better life, I need my love to be here »* (*« Pour avoir une vie meilleure, il me faut avoir mon amour auprès de moi. »*). Voilà qui paraît clair. Le trouble, cependant, étend vite son ombre : *« Changing my life with a wave of her hand »* (*« Un signe de sa main, et toute ma vie change »*) ; *« Watching her eyes and hoping I'm always there »* (*« Je la regarde dans les yeux et mon espoir est de toujours être là »*), *« I want her everywhere / And if she's beside me, I know I need never care / But to love her is to need her everywhere* » (*« Je la voudrais partout / Et si elle est auprès de moi, alors pas d'inquiétude / Mais l'aimer c'est avoir partout besoin d'elle* »). Une spirale dont on ne sort plus dès qu'on est amoureux et que plus rien, dans sa vie, n'est contrôlable.

Certains commentateurs ont estimé que « Here, There and Everywhere » évoque le désir d'éternité propre à l'amour partagé. D'autres, à l'inverse, que la chanson traduit une brusque prise de conscience : l'amour peut avoir une fin, rien n'est sûr, rien n'est permanent, tout est volatil, ce qui est insupportable quand on le découvre pour la première fois. De plus, la personne dont on est le moins sûr, c'est parfois soi-même. Le talent, voire le génie de Paul McCartney est d'avoir su évoquer ce moment de fragilité dans une vie avec toute la délicatesse qui le caractérise, c'est-à-dire sans rien imposer.

VERS UNE ORCHESTRATION CLASSIQUE

THE BEATLES
SHE'S LEAVING HOME
(1967)

« She's Leaving Home » est une chanson qui a fait date et est restée un classique. Elle figure dans *Sgt. Pepper's Lonely Hearts Club Band*, un des albums les plus connus des Beatles, paru à la fin du printemps 1967. Paul McCartney avait vingt-cinq ans quand il l'a écrite. Aucun instrument de rock n'y est joué, on n'entend que les deux voix de Paul et John, doublées pour apporter une certaine ampleur. Ils sont accompagnés par une section de cordes ainsi que par une harpiste, convoquée à la dernière minute.

Paul McCartney raconte qu'il a puisé à deux sources le sujet et l'approche de la chanson. Il s'est d'abord inspiré du ton de certains téléfilms que produisait la BBC et que tout le Royaume Uni regardait, consacrés à des sujets de société souvent douloureux. Il se rappelle aussi être tombé sur un article dans un journal dont le titre disait : *« Une lycéenne abandonne sa voiture et disparaît.* » À partir de là, il a imaginé une histoire comme pour

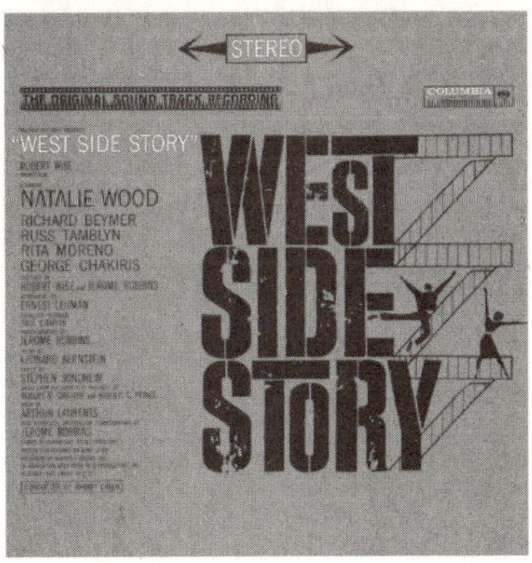

DE HAUT EN BAS :
L'ALBUM *SGT. PEPPER'S LONELY HEARTS CLUB BAND*, SORTI EN 1967 CHEZ PARLOPHONE.
LA BANDE ORIGINALE DE LA COMÉDIE MUSICALE *WEST SIDE STORY*, SORTIE EN 1961 CHEZ COLUMBIA.

une comédie musicale. McCartney éprouvait dès ses débuts une fascination pour ce genre au temps où les Beatles étaient encore dans les limbes. Il a notamment plusieurs fois souligné que lorsqu'il s'exerçait à écrire les premières chansons des Beatles avec John Lennon, tous les deux installés dans la véranda de la maison de son enfance, il lui arrivait parfois de crayonner sur le texte ébauché un commentaire ronflant, comme *« Encore un classique de Lennon et McCartney ! »* Il reprenait ainsi le modèle des compositeurs de Broadway, Rodgers et Hammerstein, ce qui n'était guère du goût de Lennon qui, hormis *West Side Story*, ne goûtait guère ce genre.

L'idée qu'une chanson puisse raconter une histoire, à la façon d'une scène de théâtre ou de film, était déjà bien ancrée dans l'esprit de Paul. Ce qui explique la construction de « She's Leaving Home » comme une petite opérette. Un narrateur raconte : *« Wednesday morning at five o'clock / As the day begins / Silently closing her bedroom door / Leaving the note that she hoped would say more »* (*« Mercredi matin, à cinq heures / Au point du jour / Elle ferme doucement la porte de sa chambre / Laissant un mot qui, espère-t-elle, en dirait plus »*). Puis une sorte de chœur de tragédie grecque intervient et s'exclame, exprimant le désarroi et l'incompréhension des parents : *« We sacrificed most of our lives »* (*« Nous avons sacrifié notre vie pour elle »*). *« Never a thought for ourselves »* (*« Jamais nous n'avons pensé à nous »*). Il y avait alors des raisons très précises de fuguer pour les jeunes filles. Une jeune Londonienne d'alors, Melanie Coe, qui fréquentait certaines boîtes de nuit ouvertes aux mineures, où se retrouvaient les musiciens d'alors, avait fait exactement ce que décrit McCartney dans cette chanson. Sa mère, s'apercevant que sa fille prenait la pilule, avait obligé celle-ci à vider le contenu du flacon (le conditionnement d'alors) dans la cuvette des toilettes. La jeune fille était tombée enceinte et avait fugué de chez elle pour se faire avorter. L'affaire avait été évoquée dans la presse.

THE BEATLES
ELEANOR RIGBY
(1966)

Quant à « Eleanor Rigby », une chanson universellement connue, elle illustre l'ambition artistique alors propre au jeune Paul McCartney. Comme « Here, There and Everywhere », il s'agit d'un autre sommet de l'album *Revolver*. Le plus intéressant est que Paul avait déjà en tête, en la composant au piano, l'idée d'une orchestration classique de quatuor à cordes.

À vingt-quatre ans, Paul se projette déjà dans un âge pas si lointain, la trentaine, où, estime-t-il alors, il ne lui sera plus possible de chanter des chansons futiles comme « She Loves You » et « I Want to Hold Your Hand ». Il envisage de se consacrer un jour à des œuvres sérieuses, peut-être des sonates pour piano ou des oratorios (il en composera d'ailleurs plus tard). Il souhaite donc s'y préparer et dans cette perspective il fait accompagner « Eleanor Rigby » de *pizzicati* (cordes de violon pincées). L'idée ne vient pas de nulle part. Elle est, de l'aveu de Paul, une réminiscence du style du Bernard Herrmann, un compositeur new-yorkais particulièrement connu pour ses musiques destinées aux films de Alfred Hitchcock. Chacun se rappelle les pizzicati dramatiques accompagnant la scène du meurtre sous la douche dans le film *Psychose*. Cette référence implicite à Bernard Herrmann dans « Eleanor Rigby » a toujours fait rire intérieurement McCartney. On y retrouve son côté espiègle, voire acide, fort bien dissimulé. Et il avoue qu'il a toujours un sourire en coin à l'idée que, dans cette chanson où il exprime toute sa compassion envers l'une de ces personnes qu'on appelait alors, non sans commisération, une vieille fille, puisse se superposer l'image d'une momie effrayante pivotant sur son fauteuil à roulettes.

Paul précise que l'air et le rythme d'« Eleanor Rigby », comme à son habitude, lui sont venus en premier, avec des paroles sans queue ni tête. Une image lui est ensuite apparue : une vieille femme ramassant des grains de riz devant le porche d'une église après un mariage. Ensuite, la chanson a été pour lui comme une enquête à résoudre. Qui est Eleanor Rigby ? Que s'est-il passé ? Pourquoi ? McCartney a souvent raconté qu'il avait été scout dans sa jeunesse et qu'il avait pris l'habitude de rendre des services à de vieilles dames vivant seules. Il leur faisait leurs courses, achetait leurs médicaments, récoltant ainsi quelques sous. Il aimait bien leur parler, les entendre raconter leurs histoires, les observer. Eleanor Rigby est ainsi une pauvre vieille qui n'a jamais connu l'amour, ouvrant une boîte de nourriture pour chats parce qu'elle n'a aucun autre moyen de se nourrir.

Maupassant aurait pu broder un conte sur une Eleanor Rigby vivant dans un village normand. Il y a toujours eu chez McCartney cette forme de tendresse au bord de la cruauté, très présente en tout cas dans cette chanson douce-amère.

L'EXPÉRIENCE DE SONS PLUS SYNTHÉTIQUES

PAUL
McCARTNEY
WATERFALLS
(1980)

« Waterfalls » est un des sommets de l'œuvre en solo de Paul McCartney. Elle remonte à l'année 1980 et figurait à l'origine dans un album intitulé *McCartney II*. Paul avait bricolé tout seul chez lui ce curieux enregistrement au moyen d'un matériel emprunté aux studios d'Abbey Road, alors qu'il avait mis son groupe Wings sur la touche. Durant cette période, les petits synthétiseurs, légers et maniables, commençaient à se répandre. Lassé du côté laborieux propre au travail en studio, il avait eu envie de se lancer dans des expérimentations solitaires. *« Je bidouillais tout seul*, écrit-il, *comme un savant fou barricadé dans son laboratoire et presque par accident j'ai mis en boîte environ dix-huit chansons. »*

Le résultat est surprenant. Certains titres de *McCartney II* ont assez mal vieilli, d'autres sont déroutants. D'autres encore auraient pu gagner à être mieux réalisés comme, en l'occurrence, « Waterfalls ». Le clavier électrique qu'utilise Paul tient la route mais les sons de cordes synthétiques accompagnant la chanson ont perdu en force. Aujourd'hui, McCartney estime, à juste titre, que cette chanson aurait mérité mieux. Reste qu'on peut penser aussi qu'elle a le charme d'une maquette désuète et que celui-ci aujourd'hui perdure. « Waterfalls » est, de fait, une de ses plus belles mélodies.

« Waterfalls », comme son nom l'indique, parle de cascades. Les paroles disent précisément : *« Don't go jumping waterfalls / Please, keep to the lake / People who jump waterfalls / Sometimes can make mistakes »* (*« Ne va pas te jeter dans les cascades / Reste près du bord du*

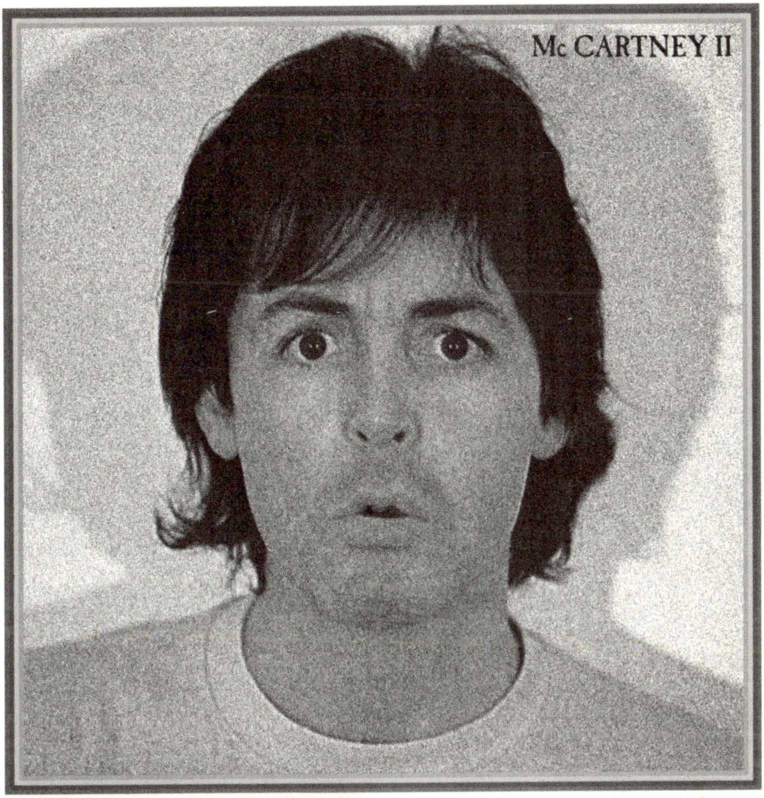

DE HAUT EN BAS :
L'ALBUM *McCARTNEY II*,
SORTI EN 1980 CHEZ PARLOPHONE.
LE SINGLE « WATERFALLS »,
SORTI EN 1980 CHEZ PARLOPHONE.

lac / Ceux qui se jettent dans les cascades / Font parfois des bêtises »). Comme McCartney l'a raconté, ces paroles lui sont venues très simplement. Il était le beau-père d'une grande fille, Heather, âgée de dix-huit ans, et le père de trois jeunes enfants, Mary, Stella et James, qu'il avait eus avec sa femme américaine, la photographe Linda Eastman, épousée en 1969, également musicienne et avec laquelle il avait co-fondé le groupe Wings. Comme tous les parents, il avait peur qu'il arrive malheur à ses enfants.

WINGS
WARM AND BEAUTIFUL
(1976)

Quelques mois après la sortie de l'album *McCartney II*, le 8 décembre 1980, un fou allait tirer des coups de feu et assassiner John Lennon devant l'immeuble new-yorkais où celui-ci habitait. *« Les Beatles*, commente McCartney, *avaient leur lot d'admirateurs obsessionnels. Cette chanson a bien sûr été composée avant le meurtre de John mais la gloire ne vient jamais sans rançon, et qui devient célèbre voit sortir de l'ombre des personnages bien singuliers. Les conseils prodigués par les parents aux enfants sont universels. » (op. cit.)* Paul accompagne cette remarque d'une citation d'un autre passage de « Waterfalls » : *« Don't go chasing polar bears / In the great unknown*

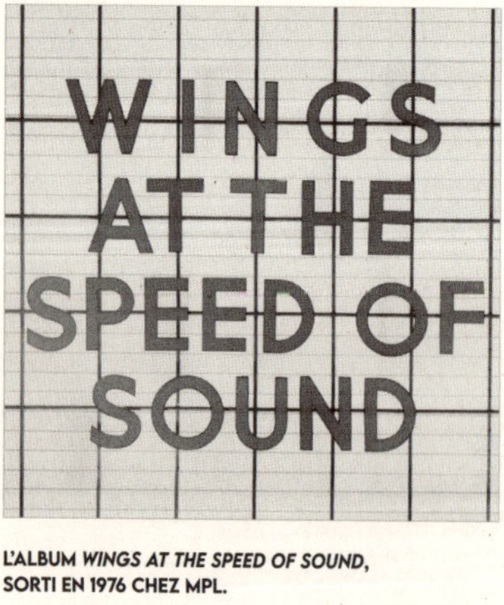

L'ALBUM *WINGS AT THE SPEED OF SOUND*, SORTI EN 1976 CHEZ MPL.

L'ALBUM *CHAOS AND CREATION IN THE BACKYARD*, SORTI EN 2005 CHEZ PARLOPHONE.

/ Some big friendly polar bear / Might want to take you home » (*« Ne pars pas chasser des ours polaires / Sur les terres inconnues / Un ours polaire qui a l'air très gentil / Pourrait bien avoir envie de te ramener chez lui »*). Tout est dit.

« Warm and Beautiful » figurait à l'origine dans un album oublié aujourd'hui, signé Wings et intitulé *Wings at the Speed of Sound*, sorti en 1976. Les paroles sont très belles : *« A love so warm and beautiful / Stands when time itself is falling »* (*« Un amour si brûlant, si beau / Tient quand le temps lui-même s'effondre »*). Paul a souhaité la faire interpréter par un quatuor à cordes, vingt-deux ans plus tard, lors d'un concert en hommage à Linda qu'il a eu le chagrin de perdre en 1998 des suites d'un cancer, alors qu'elle n'avait que cinquante-six ans.

L'USAGE D'INSTRUMENTS INHABITUELS

PAUL McCARTNEY
ENGLISH TEA
(2005)

Paul McCartney chante « English Tea » en 2005. La chanson figure dans un album intitulé *Chaos and Creation in the Backyard*, généralement considéré comme un de ses meilleurs, sinon son meilleur du vingt-et-unième siècle. Le titre d'« English Tea » est une gentille moquerie vis-à-vis de l'anglais tel qu'on le pratique aux États-Unis. Là-bas, quand un citoyen britannique souhaite boire un thé, il se doit de préciser qu'il désire « du thé anglais » pour ne pas avoir la mauvaise surprise de se faire servir quelque breuvage extravagant. Au temps où Paul était gamin, ce genre de subtilité n'existait pas. On demandait une tasse de thé, *a cuppa tea*, un point c'est tout. Dans « English Tea », Paul se livre à une évocation délibérément désuète d'une Angleterre rurale et aristocratique qui n'existe plus depuis longtemps. Quand arrive l'heure du dîner, les cloches de l'église sonnent. Nous sommes le dimanche matin, la cuisinière met les madeleines au four. Lecteur des romans de Charles Dickens, McCartney, s'amuse à employer des mots d'autrefois comme *« Peradventure »* (« d'aventure »).

Ray Davies, le chanteur des Kinks, aurait pu écrire les paroles de cette chanson, lui qui n'aimait rien tant, à la fin des années soixante, que célébrer de façon à la fois narquoise et attendrie cette Angleterre villageoise qui était déjà tombée en désuétude. Il y a quelque chose de Lewis Carroll, l'auteur d'*Alice au pays des merveilles*, dans les images des rangées de roses trémières qui, du haut de leurs tiges, se hissent pour voir et entendre ce qui se dit dans la maison. On imagine facilement un manoir et un grand parc à la fin de l'été. L'album tout entier, *Chaos and Creation in the Backyard*, a marqué le retour en grâce de Paul McCartney auprès d'une certaine critique rock qui avait longtemps toisé sa musique avec une certaine condescendance. Paul y joue, seul, quantité d'instruments inhabituels, comme du bugle, du carillon ou de la cithare.

PAUL
McCARTNEY
FROM A LOVER TO A FRIEND (2001)

Pour terminer, une dernière chanson tirée d'un album quant à lui quelque peu oublié, *Driving Rain*, paru en 2001. La chanson s'appelle « From a Lover to a Friend ». Les paroles sont sans queue ni tête, mais il émerge quelques formules frappantes. Par exemple : *« How can I walk when I can't find a way? »* (*« Comment vais-je pouvoir marcher si je n'arrive pas à trouver de chemin ? »*). *Driving Rain* était le premier album de chansons originales de Paul McCartney après la mort de Linda et à ce titre, il occupe une place particulière dans le cœur de ses admirateurs. ◆

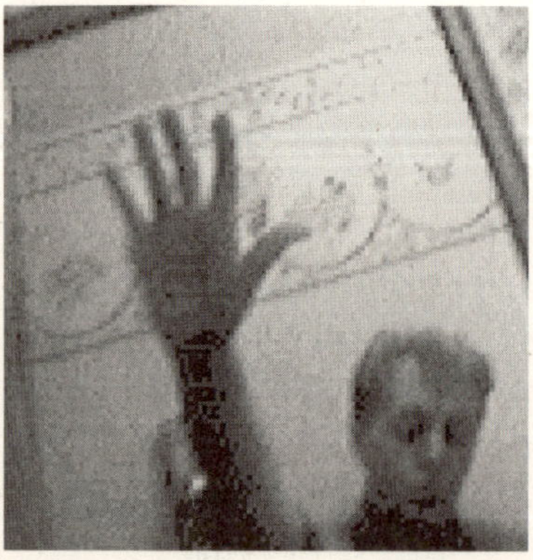

L'ALBUM *DRIVING RAIN*, SORTI EN 2001 CHEZ MPL.

PAGE DE DROITE :
LORS D'UNE LECTURE DE SON LIVRE, *BLACKBIRD SINGING : POEMS AND LYRICS, 1965-1999*, LE 24 AVRIL 2001. © REUTERS / BRAD RICKERBY / BRIDGEMAN IMAGES

CHAPITRE 3

UN AUTRE VISAGE, SOUL ET FUNKY

Dès les années soixante-dix, le groove et la suavité des musiques noires, notamment antillaises, ont donné un parfum nouveau aux productions de ce voyageur à la curiosité en perpétuel éveil.

UNE ODE SOUL À LA MARIJUANA

THE BEATLES
GOT TO GET YOU INTO MY LIFE
(1966)

En moins de deux minutes trente, « Got to Get You Into My Life », cette chanson soul, signée en 1966 par les Beatles, a gardé, près de soixante ans après, le pouvoir intact de vous prendre aux tripes. Le passage de la suavité à la jubilation extatique dans la voix d'un très jeune Paul McCartney a quelque chose qui la rend éternellement fraîche et irrésistible. Je me rappelle encore aujourd'hui l'effet que cette chanson avait sur moi quand je l'ai découverte à l'âge de huit ans, en 1966, quand mon frère aîné a fait l'acquisition, dès sa sortie, de ce « 33 tours » (comme on disait) intitulé *Revolver*. Cette chanson était l'avant-dernière de la seconde face, juste avant « Tomorrow Never Knows », la chanson psychédélique, très bizarre, qui concluait l'album. Je n'avais bien sûr pas pris de drogues à cet âge-là et n'en ai pas beaucoup pris depuis. Mais cette chanson, comme une grande partie de l'album *Revolver*, exerçait sur moi un attrait vénéneux,

***TOP OF THE TOPS*, 1973.** © MARKA / UNIVERSAL IMAGES GROUP / BRIDGEMAN IMAGES même toxique. Dès que j'écoutais ce grand disque, j'avais comme la tête qui tournait. Je sentais des parfums mystérieux, j'avais l'impression qu'une espèce de gouffre fascinant s'ouvrait devant moi, rendant le monde sensible qui m'entourait bien plus exaltant. L'enfant que j'étais était évidemment loin de mesurer à quel point il avait capté avec justesse le message codé de la chanson. « Got to Get You Into My Life » est, de fait, une ode à un stupéfiant que Paul McCartney venait alors de découvrir : la marijuana. *« I was alone, I took a ride / I didn't know what I would find there »* (*« J'étais seul, je suis parti loin / Je ne savais pas ce que j'allais trouver là-bas »*). Évidemment, une fois qu'on a la clé, et Paul McCartney l'a donnée plus d'une fois, tout paraît limpide.

L'histoire est connue. À l'été 1964, les quatre Beatles séjournent dans la suite d'un hôtel new-yorkais. Bob Dylan, qui vient de publier l'album *Another Side of Bob Dylan*, est présent. Il est accompagné de son ami et homme à tout faire, Bob Neuwirth – à tout faire et à tout lui fournir aussi. À l'époque, comme Paul McCartney l'écrit, *« on carburait au whisky-coca et au vin français. » (op. cit.)* Dylan, à un moment donné, se rend dans une autre pièce, où Ringo le rejoint. Personne ne comprend vraiment ce qui se passe. Ringo revient et dit aux autres qu'il a l'impression que le plafond est en train de bouger. Le voilà initié. Les autres l'imitent : ils tirent une taffe, puis une autre, sur le pétard que Dylan a fait passer. Ils commencent par se regarder et se dire *« ça ne fait aucun effet »* avant de partir dans un fou rire collectif (un phénomène bien connu). George se met à courir dans la pièce comme un dératé et Paul à le poursuivre, mort de rire, comme dans un dessin animé de Tom et Jerry. Dans « Got to Get You Into My Life », Paul est on ne peut plus explicite : *« Je trouvais marrant d'écrire une chanson qui disait* "Il faut que je te fasse entrer dans ma vie" *en étant le seul à savoir de quoi ça parlait vraiment. »* Dans le livre *Many Years from Now, Les Beatles, les Sixties et moi* (Flammarion, 2004), Paul McCartney précise : *« Il y a des gens qui font l'éloge du chocolat ou d'un bon vin, moi, j'ai écrit une ode à l'herbe. »* Ainsi certains professeurs, parents et adultes en général n'avaient pas si tort que ça quand ils nous répétaient que la « pop music », comme on disait alors, était une musique de drogués.

Quand on souligne que Paul McCartney est un grand chanteur soul, nombre d'amateurs, et pas forcément les plus ignorants, s'étonnent. Pourtant « Got to Get You Into My Life » en est un témoignage éclatant. Durant cette période, Paul sortait beaucoup à Londres. Et, dans les boîtes où il allait, on passait beaucoup de disques de chanteurs et chanteuses soul : Sam and Dave, Wilson Pickett, Joe Tex. Au milieu des années soixante, ces orchestrations de cuivres pétaradantes sur des rythmes très rapides, propres à cette musique soul qui se fabriquait dans le Sud-Est des États-Unis, des studios Stax à Memphis à ceux de Muscle Shoals dans l'Alabama, c'était nouveau. Et le style de ces chanteurs à la voix grésillante, comme en extase, ne pouvait que stimuler Paul McCartney, déjà le disciple du hurleur frénétique qu'était Little Richard, lequel avait inspiré aux Beatles des chansons comme « I'm Down ».

L'ALBUM *HOLD ON, I'M COMIN'*, DE SAM & DAVE, SORTI EN 1966 CHEZ STAX.

L'ALBUM *THE EXCITING WILSON PICKETT*, DE WILSON PICKETT, SORTI EN 1966 CHEZ ATLANTIC.

D'AUTRES CHANSONS SOUL, DES BEATLES À WINGS

THE BEATLES
OH! DARLING
(1969)

Tout le monde ou presque connaît « Oh! Darling », qui figure sur la première face de l'album *Abbey Road*, paru à la fin de l'année 1969, le dernier publié du vivant des Beatles. La chanson doit autant à Lennon qu'à McCartney. Elle est écrite et interprétée dans un style rhythm'n'blues délibérément rétro, plus proche de ce qu'on a appelé le doo-wop de la fin des années cinquante que de la soul de la période. Elle ressemble d'ailleurs beaucoup à « To Be Loved », un air que le chanteur-hurleur Jackie Wilson avait interprété en 1958. En 1969, surtout de la part des Beatles, l'effet était celui d'un pastiche rétro. McCartney raconte qu'il a pris l'interprétation de cette chanson très au sérieux. En janvier 1969, pendant les séances de l'album avorté *Get Back*, dès qu'il arrivait en studio, il ne cessait de la chanter et de la reprendre, avant que sa voix ne s'altère au fil de la journée. John Lennon jugeait quant à lui qu'il aurait mieux interprété « Oh! Darling » parce qu'elle était en fait davantage adaptée à son style. Les débats entre inconditionnels de Lennon et inconditionnels de McCartney sont bien sûr impossibles à trancher. Il faut néanmoins admettre qu'en cette période difficile du début de l'année 1969, qui a annoncé la décomposition du groupe, c'est McCartney qui a pris les rênes des Beatles et que Lennon avait la tête ailleurs, comme en atteste le passionnant documentaire *Get Back*.

L'ALBUM *LIFE, LOVE AND FAITH*, D'ALLEN TOUSSAINT, SORTI EN 1972 CHEZ REPRISE.

Bien que moins connue que « Oh! Darling », « Call Me Back Again », appartient au même registre. Signée par le groupe Wings, elle figure dans un album intitulé *Venus*

DE HAUT EN BAS :
L'ALBUM *ABBEY ROAD*,
SORTI EN 1969 CHEZ APPLE.
L'ALBUM *HE'S SO FINE*, DE JACKIE WILSON,
SORTI EN 1958 CHEZ BRUNSWICK,
DUQUEL EST EXTRAIT LA CHANSON
« TO BE LOVED ».

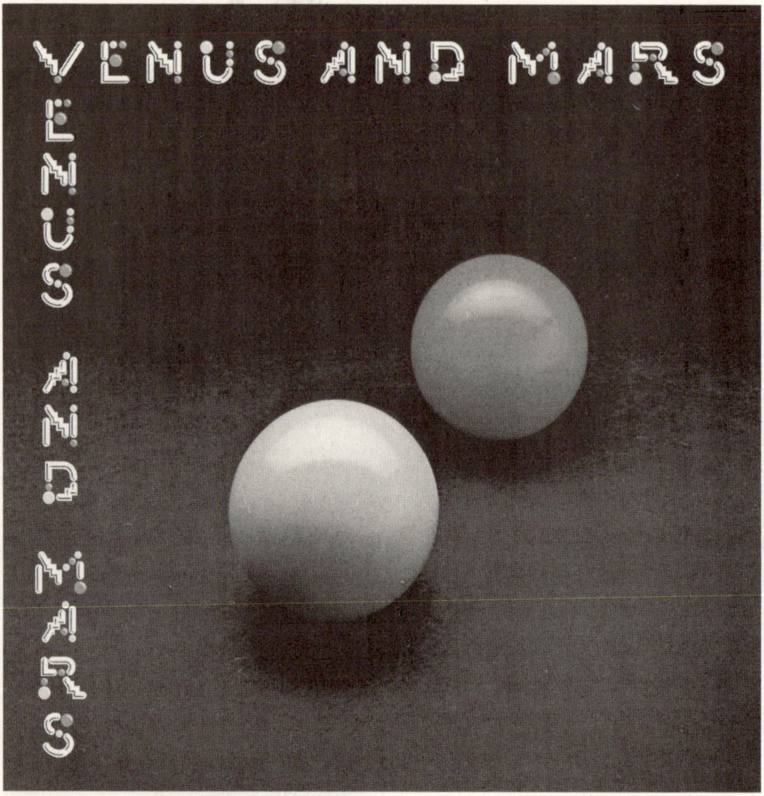

DE HAUT EN BAS :
L'ALBUM *VENUS AND MARS*,
SORTI EN 1975 CHEZ CAPITOL.
LE SINGLE « JET / LET ME ROLL IT »,
SORTI EN 1973 CHEZ APPLE.

WINGS
CALL ME BACK AGAIN
(1975)

and Mars, paru en 1975, que Paul McCartney et ses musiciens ont enregistré à la Nouvelle-Orléans dans le studio Sea-Saint qu'avait créé le pianiste Allen Toussaint, un des grands architectes de la musique de la ville. Cette chanson sans prétention, au parfum très rétro en ce milieu des années soixante-dix, révélait, une fois de plus, l'aisance de Paul dans ce registre blues-soul dans lequel il excellait. Le rythme en est, de fait, très Nouvelle-Orléans. On croirait presque une chanson de Fats Domino, si ce n'était le chant, hurlé, moins bonhomme et plus brûlant.

WINGS
LET ME ROLL IT
LIVE (1976)

En juin 1976, devant le public du Forum de Los Angeles, Paul McCartney avec Wings interprétait une de ses meilleures chansons de la période, un pur blues intitulé « Let Me Roll It », co-signé avec sa femme Linda. Cette version scénique, supérieure à l'enregistrement original en studio, figure dans un album, triple vinyle à l'époque, capté en grande partie durant une série de concerts au Forum de Los Angeles mais dont les bandes ont ensuite été retravaillées, aux studios d'Abbey Road (tous les chœurs, en particulier, ont été réenregistrés). Dans son autobiographie en chansons *(op. cit.)*, McCartney parle avec beaucoup d'éloquence de « Let Me Roll It ». Il évoque le riff de guitare, qu'il qualifie lui-même de « torride ». Il remarque que le public, quel qu'il soit, explose de joie dès qu'il entend ce riff singulier, très mémorable, qui s'arrête brusquement pour repartir aussitôt. Cette chanson, écrit-il, est comme un long, un interminable bégaiement. « Let Me Roll It » : *« Laisse-moi le rouler ou le faire rouler vers toi »* (l'anglais a toujours des doubles sens qui découragent la traduction). Qu'est-ce qu'on peut rouler, d'abord ? Un pétard, bien sûr. McCartney dit qu'il en a longtemps été un fumeur assidu. Il raconte que, encore ces dernières années, il aime bien en sentir les effluves lors des festivals en plein air. Mais que peut-on rouler ou faire rouler d'autre ? Son propre corps, c'est évident et même implicite dans le terme même de rock'n'roll. *« I can't tell you how I feel / My heart is like a wheel / Let me roll it / Let me roll it to you »* (*« Je ne peux pas te dire tout ce que je ressens / Mon cœur est comme une roue / Laisse-moi le faire rouler / Vers toi »*), *« I want to tell you and now's the time »* (*« Je veux te le dire, oui, c'est le moment »*), disent les paroles mot à mot. En fait, le gars de la chanson a envie mais il n'y arrive pas vraiment. Il s'élance puis il s'arrête, paralysé : le riff et les paroles fusionnent pour exprimer cette hésitation que vivent en même temps la tête et le corps.

J'ai un souvenir précis de cette période. J'avais dix-sept ans, j'étais en Terminale en 1976 et j'étais obsédé par les Beatles et en particulier par le fait qu'ils n'existent plus, ce qui me paraissait une malchance indescriptible. J'attendais qu'ils reviennent, comme certains peuvent attendre le retour du Messie. Et je vais être franc : je n'aimais pas Wings. Je n'aimais pas les vestes noires à paillettes de McCartney, presque les mêmes que celles de Clo-Clo (Claude François), sa coupe de cheveux moche. Je n'aimais pas le style funky des chansons de Wings, que je trouvais aussi insipides qu'exaspérantes, j'avais l'impression qu'il copiait Elton John. L'adolescent que j'étais estimait que Paul McCartney avait trahi l'enfance des Beatles et j'en étais presque dégoûté. Bref, j'étais allé quand même voir Wings dans je ne sais quel hangar sinistre de la proche banlieue nord de Paris parce que j'avais appris qu'il y avait, au cours des concerts de Wings, un intermède Beatles. Et qu'il chantait au moins deux de mes chansons préférées des Beatles, « Yesterday » et « I've Just Seen a Face », ce qui, dans ce contexte, relevait à la fois du miracle et du sacrilège. De fait, ce fut pour moi, qui avais joué des coudes pour être le plus près possible de la scène, un sacrilège d'entendre des hurlements de jeunes filles extatiques tandis que je cherchais à me recueillir, en esthète, pour goûter la beauté classique de « Yesterday » et ma préférée, « Blackbird ». Et, je l'avoue avec honte, les chansons de Wings, je m'en foutais complètement, j'attendais qu'elles passent. Ça paraît aujourd'hui aussi débile qu'absurde et à moi le premier, mais je vous assure que c'est vrai. Encore plus quand je réécoute les versions live, enthousiasmantes, des chansons de Wings qui figurent dans le triple album *Wings Over America*, enregistrées durant cette tournée à laquelle j'ai assisté. Mais bon, à dix-sept ans j'étais un autre.

SUR SCÈNE LORS DE LA TOURNÉE *WINGS OVER THE WORLD* EN 1976. © MIRRORPIX / BRIDGEMAN IMAGESIMAGES

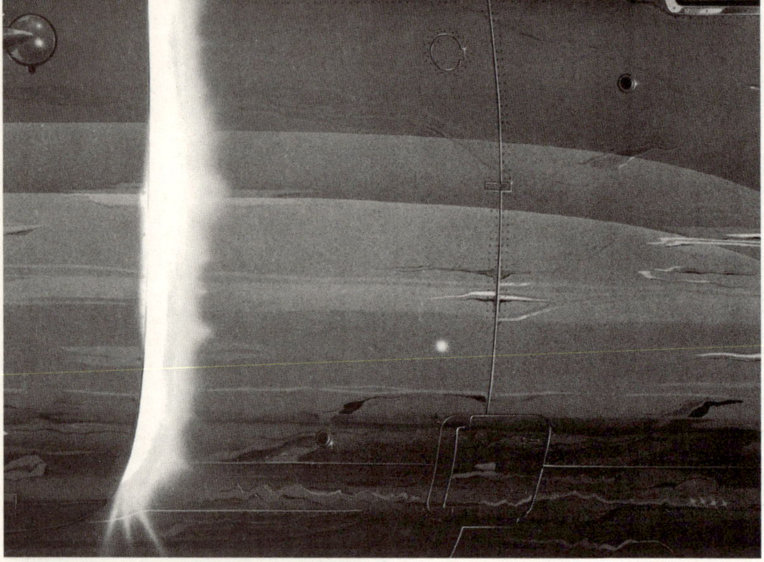

DE HAUT EN BAS :
L'ALBUM *WINGS OVER AMERICA*,
SORTI EN 1976 CHEZ MPL.
LE SINGLE « MY LOVE / THE MESS »,
SORTI EN 1973 CHEZ APPLE.

« SILLY LOVE SONGS » DANS LES ANNÉES SOIXANTE-DIX

Un collaborateur à venir de McCartney, Elvis Costello, a eu à propos de cette période un des commentaires les plus justes qui soient : Paul McCartney, au sein de Wings, a refusé de se reposer sur ses acquis et de s'appuyer sur sa réputation. Il a attendu que son nouveau groupe emmagasine quelques succès dans son propre style avant de se remettre à chanter quelques chansons des Beatles sur scène – et encore n'était-ce que dans le cadre d'un intermède. Il existe bien sûr des passerelles entre le McCartney des années soixante et le McCartney des années soixante-dix, avec Wings, cependant les différences l'emportent largement. On a changé de période, l'ambiance n'est plus du tout la même. Le hard rock s'est installé, les complexités de la musique dite progressive et du jazz rock séduisent un jeune public. Pour McCartney, l'important est surtout l'explosion de la disco soul, du reggae, des rythmes et sonorités latins ou antillais. McCartney cherche à capter les ondes de son temps, comme si celui des Beatles était déjà englouti.

WINGS
MY LOVE
LIVE
(1976)

Au milieu des années soixante-dix, il existe déjà une nostalgie vis-à-vis des Beatles mais, dans les premières années, en tout cas, McCartney lui tourne délibérément le dos. Prenez ce chant d'amour qu'il a écrit pour Linda. « My Love » est une chanson qui doit beaucoup au style de ballades soul-rhythm'n'blues en vogue au début des années soixante-dix. Elle a d'ailleurs été extrêmement populaire sur les radios de musique noire aux États-Unis. « My Love » avait quelque chose d'ouvertement sentimental, sans filtre, de passéiste et de suavement désuet qui, en 1973, pouvait agacer un certain public, celui qui cherchait dans le rock l'innovation ou la provocation. Cette version de « My Love » a été enregistrée pendant la fameuse tournée de Wings en 1976 dont je vous parlais. Autre chanson typique de ce style et de cette période : « Listen to What the Man Said ». Cette chanson a été elle aussi enregistrée à la Nouvelle-Orléans en 1975 au studio Sea-Saint et elle est marquée par ce rythme funky tropical et léger comme une brise marine, très

WINGS
LISTEN TO WHAT THE MAN SAID
LIVE (1976)

en vogue dans ces années-là. McCartney est très proche des enregistrements de Dr. John, comme l'album *In the Right Place*, ou encore de *Nightbirds* de LaBelle, avec le célèbre « Lady Marmalade », et son fameux refrain en français, *« Voulez-vous coucher avec moi ce soir ? »* On peut ainsi tirer un fil qui conduit jusqu'à l'album *Black and Blue* des Rolling Stones, en 1975, et à *Station to Station* de David Bowie, sorti l'année suivante. Beaucoup sont alors influencés par cette vibration très particulière, latine et tropicale, qui parcourt tout l'est du Golfe de Mexique, de Cuba à la Nouvelle-Orléans, en passant par les Bahamas et bien sûr Miami, en Floride. D'autres musiciens anglais, un peu plus jeunes que Paul McCartney, comme Robert Palmer, vont se révéler en surfant sur cette vague, que veut naturellement suivre aussi celui qu'on continue à présenter comme un ex-Beatle, ce qui est somme toute vexant pour McCartney. Ça paraît étrange quand on considère la réputation presque sacrée qu'a Paul McCartney aujourd'hui, où il arrive qu'on parle de lui comme d'un trésor national vivant, mais à l'époque il ne jouissait pas du tout de la même considération. En 1975, Pink Floyd publie l'album *Wish You Were Here* et Led Zeppelin *Physical Graffiti*. Du lourd, comme on dit. Face à tout ça, justement, Paul McCartney et Wings ne pèsent pas lourd.

LE SINGLE « LISTEN TO WHAT THE MAN SAID / LOVE IN SONG », SORTI EN 1975 CHEZ CAPITOL.

« Listen to What the Man Said » parle d'amour qui va et qui vient, sur un rythme funky-jazzy. Ç'aurait presque pu être une chanson d'avant-guerre, à la Fred Astaire, une de celles qu'aurait aimées le père de McCartney.

Léger est l'adjectif le plus aimable dont la critique use alors pour qualifier les chansons de McCartney. D'aucuns ne se gênent pas pour écrire et dire : « fade », « insignifiant », « niais », j'en oublie. Au vu de ce que McCartney a enregistré au sein des Beatles entre l'âge de vingt et vingt-sept ans, le plus frappant, peut-être, est la modestie et l'absence totale de prétention qui caractérisent sa production au sein de Wings. Il en a lui-même fait une blague en appelant, justement, une de ses chansons « Silly Love Songs », soit « Chansons d'amour débiles ». Voici ce qu'il écrit à ce sujet dans son livre *Paroles et souvenirs* :

> *« Au milieu des années soixante-dix, j'ai été accusé, y compris par John, de n'écrire que des* silly love songs. *On attendait de moi, j'imagine, que je sois un mec plus dur, plus terre à terre. Et puis j'ai pris conscience que l'amour est la grande affaire de la Terre entière.* "Il y a des gens, dit ma chanson, qui veulent couvrir la Terre de chansons d'amour débiles. Et où est le problème ? J'aimerais bien le savoir." *Cette réputation,* poursuit Paul, *me collait à la peau et je n'avais pas l'intention de céder. Plutôt qu'abandonner les chansons d'amour, j'étais décidé à continuer à en écrire sans aucune honte. On peut penser que c'est un sujet mièvre, mais non, c'est justement le contraire : cette chose que l'on ressent les uns pour les autres, c'est ce qui rend la vie meilleure. Le cœur du problème est là. C'est tellement facile d'être cynique. »*

L'ALBUM *IN THE RIGHT PLACE*, DE DR. JOHN, SORTI EN 1973 CHEZ ATCO/ATLANTIC.

L'ALBUM *NIGHTBIRDS*, DE LABELLE, SORTI EN 1974 CHEZ EPIC.

WINGS
ARROW THROUGH ME
(1979)

Paul McCartney conclut ce court texte par une évocation, empreinte d'une rare franchise, du sale caractère que John Lennon a pu manifester plus d'une fois à son égard. Paul commence par souligner qu'il a arrêté très jeune de dire des injures et de « mal parler » (comme on dit de nos jours). Il fait à ce sujet une observation très juste : les gens qui balancent des insultes et des injures à jet continu sont en réalité des faibles qui veulent se faire passer pour des forts et qui ne convainquent personne, à commencer par eux-mêmes. Il rappelle que John était souvent insultant parce que celui-ci avait de la rage en lui. Lennon jouait au dur parce que, comme il l'a avoué plus d'une fois à Paul, il débordait d'amertume : sa mère l'avait abandonné, son père s'était barré, son oncle, qu'il adorait, était mort et sa mère, alors qu'elle commençait à se rapprocher de lui, était morte écrasée par une voiture. Il y avait de quoi être en effet dégoûté de la vie. Paul avait lui aussi perdu sa mère, adolescent, mais, au contraire de John, il avait eu la chance de vivre auprès d'un père et d'un frère aimants et d'être entouré par de nombreux oncles et tantes. C'est ce qui lui a donné sans doute cette force intérieure lui permettant d'être plus perméable à la tendresse, à la douceur et à la légèreté de la vie. Et Paul conclut ainsi : *« Beaucoup de personnes ont tendance à ne pas montrer leurs émotions en-dehors de leur cercle intime mais leur sensibilité est là, tout au fond d'eux-mêmes, toujours, et c'est ce que je dis dans cette chanson :* love isn't silly at all. *L'amour n'est pas débile du tout. »* Comme il le rappelle, à sa façon, dans une chanson peu connue, signée par Wings en 1979, « Arrow Through Me », au style funky et jazzy, qu'il chante d'une voix pleine de soul.

PAGE DE DROITE :
LES ANNÉE 1975 ET 1976, DE GRANDS CRUS ! DE GAUCHE À DROITE, DE HAUT EN BAS : 1. *WISH YOU WERE HERE* DE PINK FLOYD, SORTI EN 1975 CHEZ HARVEST ; 2. *PHYSICAL GRAFFITI* DE LED ZEPPELIN, SORTI EN 1975 CHEZ SWAN SONG ; 3. *BLACK AND BLUE* DES ROLLING STONES, SORTI EN 1976 CHEZ ROLLING STONES ; 4. *STATION TO STATION* DE DAVID BOWIE, SORTI EN 1976 CHEZ RCA VICTOR. / LES SINGLES 5. « SILLY LOVE SONGS », SORTI EN 1976 CHEZ MPL, ET 6. « ARROW THROUGH ME » (VERSION JAPONAISE) SORTI EN 1979 CHEZ PARLOPHONE.

1.

LED ZEPPELIN
PHYSICAL GRAFFITI

2.

THE ROLLING STONES
BLACK AND BLUE

3.

STATIONTOSTATIONDAVIDBOWIE

4.

ELECTROLA
Capitol
1 C 006-97 683
WINGS
SILLY LOVE SONGS

5.

来日記念盤
遂に来日が実現したポール・マッカートニー&ウイングスの
歴史的最新シングル!
ポール・マッカートニー
&ウイングス
オールド・サイアム・サー

6.

AVEC ELVIS COSTELLO AU DÉBUT DES ANNÉES QUATRE-VINGTS

PAUL McCARTNEY
COMING UP (LIVE)
(1979)

« Coming Up » est une des dernières chansons signées Paul McCartney qu'ait pu entendre John Lennon. Elle fut un n°1 en 1980. Il paraît que Lennon l'aimait bien (il l'aurait dit à Paul), même si leurs rapports restaient tendus et qu'il leur arrivait, hélas, de bien s'engueuler au téléphone, parce que les comptes du divorce des Beatles ont longtemps été très difficiles à régler. Une autre version, moins connue, de «Coming Up» a été enregistrée sur scène lors d'un des ultimes concerts de Wings, à Glasgow, en 1979. Dans « Coming Up » on entend l'influence de la new wave, au sens historique du terme, notamment celle d'un groupe comme les Talking Heads, qui avait impressionné McCartney.

Pour Paul comme pour beaucoup de musiciens de sa génération, les années quatre-vingts ont été celles d'un purgatoire. D'autres artistes de cette

LE SINGLE « COMING UP », SORTI EN 1980 CHEZ PARLOPHONE.

LE SINGLE « EBONY AND IVORY », AVEC STEVIE WONDER, SORTI EN 1982 CHEZ PARLOPHONE.

génération ont partagé cette expérience : Bob Dylan, les Rolling Stones, Pink Floyd, les Who ou encore les anciens membres de Led Zeppelin. Pour tous ceux qui, entre le milieu des années soixante et celui des années soixante-dix, ont été comme les messies d'un nouveau monde, la confusion est totale. Les punks leur ont craché dessus, la vague disco les a démodés et les sons froids de l'électro-pop semblent faits contre eux. Paul McCartney s'en tire plutôt bien au début. Il co-signe et interprète trois tubes mondiaux, trois duos : un avec Stevie Wonder, « Ebony and Ivory » (1982), et deux autres avec Michael Jackson, « The Girl Is Mine » (1982) et « Say Say Say » (1983). Pour McCartney en solo le succès va néanmoins decrescendo. La relative modestie des ventes de l'album qu'il publie en 1986, *Press to Play*, déclenche chez lui une sorte de signal d'alarme. Il a alors une idée pour se relancer. Il prend contact avec un des auteurs de la nouvelle génération qu'il admire le plus, Elvis Costello. Celui-ci est alors au sommet de sa cote critique. On le présente alors comme le Bob Dylan du milieu post-punk. McCartney invite Costello dans son studio champêtre du Sussex, Hogg Hill Mill, au sud-est de Londres, tout près de la mer. Les deux hommes se retrouvent côte à côte, guitare en mains, se donnant pour mission de composer une chanson par jour. Costello sait qu'il se mesure à un fantôme, celui de John Lennon, le

LES SINGLES « THE GIRL IS MINE » ET « SAY SAY SAY », EN COLLABORATION AVEC MICHAEL JACKSON, SORTIS RESPECTIVEMENT EN 1982 CHEZ EPIC ET EN 1983 CHEZ PARLOPHONE.

PAUL
McCARTNEY
**THAT DAY
IS DONE
(DEMO)** (1988)

collaborateur régulier de McCartney, une vingtaine d'années auparavant. Quant à McCartney, il veut aussi impressionner, à sa façon, Costello, lui montrer qu'il est capable de se remettre en cause, et même en danger en le suivant dans des zones plus sombres et tourmentées. La collaboration est électrique et, comme dans un couple, les deux se prennent parfois le bec. Un jour, McCartney remet Costello à sa place en lui disant à peu près : *« Ça suffit, arrête de vouloir t'imposer tout le temps, t'as vraiment un ego qui passe pas les portes. »* Dans une interview d'alors, McCartney déclare que travailler avec Costello lui rappelle la vigueur de ses échanges avec Lennon. Hélas, l'album *Flowers in the Dirt* (1989) ne reflète que partiellement la vigueur de cette émulation. Au moment de réaliser l'album, McCartney ne souhaite pas aller vers les orchestrations plus aventureuses que Costello lui suggère. Restent quelques chansons intenses, comme « That Day Is Done », « Cette journée est passée » : le monologue d'un homme dont on devine qu'il est en proie à l'amertume d'avoir laissé la femme qu'il aimait en épouser un autre. Il se rappelle la cérémonie à laquelle il a assisté en serrant les dents. À la fin de la chanson, on comprend qu'il est six pieds sous terre et que cette femme, qui lui a survécu, dépose des fleurs sur sa tombe, des fleurs dans la poussière.

UN GOSPEL CRÉPUSCULAIRE

Dans la réédition de l'album *Flowers in the Dirt*, parue en 2017, on a eu la chance de découvrir les maquettes que les deux hommes ont enregistrées. Et on n'est pas déçu , notamment par « The Lovers That Never Were », où Paul McCartney est au piano et Elvis Costello à la guitare. Il est rare d'entendre McCartney se sortir ainsi les tripes dans un enregistrement. Mentionnons, avant de clotûrer ce chapitre, un gospel crépusculaire signé par Paul McCartney en 2020. Il est extrait d'un album qu'il a réalisé pratiquement seul, pendant le confinement, dans des conditions semblables à celles

DE HAUT EN BAS :
L'ALBUM *FLOWERS IN THE DIRT*,
SORTI EN 1989 CHEZ PARLOPHONE.
L'ALBUM *PRESS TO PLAY*,
SORTI EN 1986 CHEZ PARLOPHONE.

de son premier album solo de 1970, *McCartney*, reproduites dix ans plus tard, en 1980, pour un album intitulé *McCartney II*. Il a donc logiquement appelé celui de 2020, paru quarante ans plus tard, *McCartney III*. « Women and Wives » est une sorte de blues archaïque qui lui est venu au piano et qu'il a accompagné, aussi, à la contrebasse (Paul a racheté l'instrument qui appartenait à Bill Black, l'accompagnateur d'Elvis Presley). Malgré son ton lugubre, « Women and Wives » transmet des vibrations positives : *« Hear me, women and wives / Hear me, husband and lovers / What we do with our lives / Seems to matter to others »* (*« Entendez-moi, femmes et épouses / Entendez-moi, toi le mari et vous les amoureux / La vie qu'on mène / Elle semble compter pour les autres »*). Ce que nous fait sentir McCartney, arrivé dans l'ultime partie de sa vie, c'est qu'on transmet aux siens quelque chose de précieux non par nos belles paroles et nos grandes idées mais, tout simplement, par notre façon de vivre, nos actes quotidiens. C'est ça qui compte, dit McCartney, là est la vérité. ◆

PAUL McCARTNEY
THE LOVERS THAT NEVER WERE (DEMO)
(1988)
WOMEN AND WIVES
(2020)

L'ALBUM *OFF THE GROUND*, SORTI EN 1993 CHEZ PARLOPHONE.

PAGES SUIVANTES :
ATTENDANT LA VOITURE QUI DOIT L'EMMENER SUR LE TOURNAGE DU TÉLÉFILM *MAGICAL MYSTERY TOUR*, LE 11 SEPTEMBRE 1967.

DE HAUT EN BAS :
L'ALBUM *McCARTNEY III*,
SORTI EN 2020 CHEZ PARLOPHONE.
L'ALBUM DE REMIXES *McCARTNEY III IMAGINED*,
SORTI EN 2021 CHEZ PARLOPHONE.

HAPPY BIRTHDAY TO A
WONDERFUL FRIEND WHO HAS
EXTRAORDINARY CHARM
PENETRATING INTELLIGENCE
STANDING GOOD LOOKS AND
REMARKABLE HUMOR!

CHAPITRE 4

COLLAGES MUSICAUX ET JEUX D'ENFANTS

Trompette piccolo de Bach, sons d'ambiance puisés dans la banque audio de la BBC, juxtapositions incongrues : l'aventureux musicien s'est toujours ouvert à l'insolite et à l'inattendu.

ÉCRIRE UNE CHANSON COMME ON FAIT UN TOUR DE CARTES

THE BEATLES
HELLO GOODBYE
(1967)

Plus d'un demi-siècle après sa parution en 1967, « Hello, Goodbye » procure une joie intactc. Étrangement, la chanson se conclut par un chant tribal évoquant les rythmes Maori de Nouvelle-Zélande. C'est bien la seule qualité que lui trouvait John Lennon. Celui-ci aurait préféré, de loin, que le groupe choisisse sa chanson à lui, « I Am The Walrus », comme face A du premier single des Beatles publié après leur illustre album psychédélique, *Sgt. Pepper's Lonely Hearts Club Band*. Paul avait convaincu les autres que sa composition avait, sur le plan commercial, un plus fort potentiel. « Hello, Goodbye » est née d'un jeu. Paul McCartney se trouvait chez lui en compagnie d'Alistair Taylor, l'assistant de Brian Epstein (le manager des Beatles), qui l'interrogeait sur sa méthode pour écrire une chanson. En guise de réponse, Paul le fit asseoir devant un vieil harmonium posé dans

SUBMERGÉ DE « FAN MAIL » POUR SON 25E ANNIVERSAIRE, LE 18 JUIN 1967. © MIRRORPIX / BRIDGEMAN IMAGES

sa salle à manger. Il dit à son invité : *« Joue une note, n'importe laquelle »*, comme on dit : *« Tire une carte. » « Maintenant*, poursuivit Paul, *tu vas dire un mot, et moi, tout de suite, je vais dire l'opposé. - Noir*, dit Taylor. - *Blanc*, répond Paul. - *Oui. - Non. - Bien. - Mal. - Bonjour. - Salut. »* Et voilà, « Hello, Goodbye » était née. La chanson parut à la fin de l'année 1967, peu de temps après la mort brutale d'Epstein. L'événement bouleversa bien sûr les quatre Beatles et surtout, comme on allait bientôt s'en rendre compte, mina leur unité. Soudain, les quatre grands enfants qu'ils étaient restés se retrouvèrent livrés à eux-mêmes. Après la mort de « Monsieur Epstein », comme ils l'appelaient entre eux, Paul McCartney est devenu le tuteur par défaut des Beatles. On en a eu la confirmation dans le récent documentaire *Get Back*, qui nous permet d'entendre un échange très révélateur entre les Beatles réunis en répétition en janvier 1969. McCartney en a plein le dos,

BRIAN EPSTEIN EN 1963. © MIRRORPIX / BRIDGEMAN IMAGES

le projet tourne en rond et personne n'est d'accord sur rien. Il s'exclame : *« Depuis que Monsieur Epstein est mort, chacun notre tour on en a eu marre du groupe et il ne sort plus rien de positif. »* Puis : *« À un moment, dans la vie, tu n'as plus papa derrière toi. Tu dois te tenir debout tout seul. »* C'est ce que chacun finira par faire.

Parallèlement à Brian Epstein, les Beatles ont eu un autre père : George Martin, un guide plutôt qu'un maître de musique. Dans la presse de l'époque, il était fréquent de désigner celui-ci comme *« le cinquième Beatle »*, ce qui n'avait rien d'exagéré. Il a été pour eux comme un jeune oncle savant ayant à cœur de donner vie à toutes leurs idées farfelues – surtout les plus farfelues. George Martin était d'une autre génération. Né en 1926, il était passé par la Royal Navy. Il avait longtemps voyagé, faisant escale notamment à New York et Trinidad, où il avait découvert le jazz et le calypso. Dans un conservatoire à Londres, il avait étudié le piano, le hautbois et la composition. En 1955, il s'était retrouvé, à l'âge de vingt-neuf ans, à la tête de Parlophone, une division de la firme EMI consacrée à la production de disques de variété. Il mettait bien sûr la main à la pâte et supervisait toutes sortes d'enregistrements : musique classique, airs traditionnels des îles britanniques, comédies musicales, chansons comiques, en particulier celles des Goons. Les Goons formaient un illustre trio de fantaisistes au Royaume-Uni, au sein duquel avait débuté le génial acteur Peter Sellers. Leurs sketches à la radio faisaient plier de rire les Britanniques dans les années cinquante. Auprès des Goons, George Martin s'était amusé à bricoler des bruitages et effets spéciaux sonores : bruits de tonnerre, de cavalcade, voix accélérées, etc. Malgré une allure de maître d'école austère de l'ancien temps et des principes plutôt stricts, George Martin était très réceptif aux

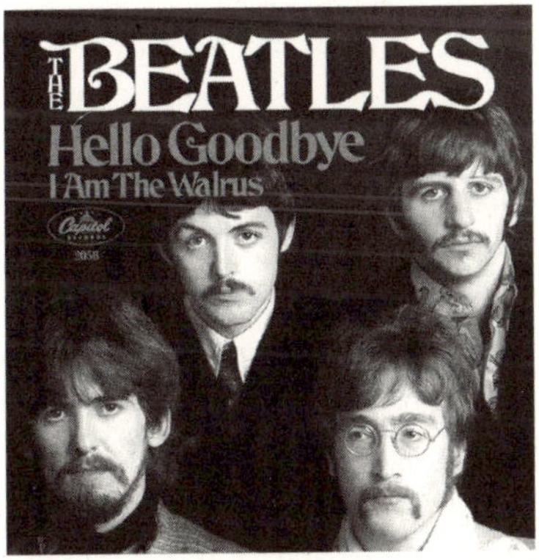

LE SINGLE « HELLO GOODBYE / I AM THE WALRUS », SORTI EN 1967 CHEZ CAPITOL AUX ÉTATS-UNIS.

idées les plus loufoques des Beatles. Bien sûr, ceux-ci se gardaient bien de fumer des pétards devant lui, parce que « Monsieur Martin » s'en serait offusqué, mais pour le reste il était ouvert à toutes leurs lubies. George Martin n'imposait jamais des orchestrations. Il les leur suggérait, comme on l'a vu pour le quatuor à cordes de « Yesterday ». Cependant, très vite, les suggestions, de la part des Beatles, ont fusé.

« Penny Lane », l'œuvre du seul McCartney, en est un bon exemple. Penny Lane est une rue en partie commerçante située dans le sud-est de Liverpool. Au milieu des années soixante, il existait encore, situé sur un grand rond-point, un préau sous lequel Paul et John avaient l'habitude de se retrouver pour attendre le tramway. Celui-ci offrait une sorte de point de vue panoramique. Les paroles de la chanson égrènent ainsi une série

EN STUDIO AVEC GEORGE MARTIN DANS LES ANNÉES 80. © ZUMA PRESS, INC. / ALAMY BANQUE D'IMAGES

THE BEATLES
PENNY LANE
(1967)

d'images de Penny Lane commentées par Paul à la façon de cartes postales : la devanture du coiffeur italien, l'agence bancaire du coin et aussi la caserne de pompiers (elle était en fait située plus loin, mais ça avait amusé Paul de l'ajouter). Bien sûr, il ne s'agissait pas pour lui de décrire, platement, des éléments du décor de son enfance. Paul se raconte des histoires. L'employé de banque est un gars un peu louche qui ne *« porte jamais d'imper sous la pluie battante »* (*« Très bizarre ! »*, commente-t-il dans la chanson). Le coiffeur a fait de sa devanture une sorte d'installation artistique. Quant au chef des pompiers, Paul l'imagine en train d'astiquer son camion avec une étrange passion. Il mentionne aussi ces coquelicots en papier qu'une vendeuse ambulante proposait le jour de l'armistice de la guerre de 14-18 (une tradition en Grande-Bretagne). La chanson est complétée par quelques blagues, dont une graveleuse, ajoutée par John Lennon (*« finger in the pie »*). Avoir un *« doigt dans la tarte »* signifie en anglais *« avoir des billes dans une affaire »*, cependant, dans l'argot de Liverpool, il existait un second sens plus salace. Paul avait composé cette chanson au piano et les Beatles commencé à l'enregistrer à la fin de l'année 1966, au début des séances pour l'album *Sgt. Pepper's Lonely Hearts Club Band*. George Martin avait écrit à cet effet une orchestration de cuivres et de vents (trompettes, bugle, piccolo) mais selon Paul, quelque chose manquait. Pour le solo de trompette qui intervient à peu près à la première minute, il n'obtenait cependant pas ce qu'il voulait. Le hasard a alors très bien fait les choses. Un soir, Paul écoutait à la télévision une interprétation par l'English Chamber Orchestra du deuxième concert brandebourgeois, en *fa* majeur, de Jean-Sébastien Bach. Le lendemain,

LE SINGLE « STRAWBERRY FIELDS FOREVER / PENNY LANE », SORTI EN 1967 CHEZ ODEON EN FRANCE.

il décrivit le son qu'il avait entendu à George Martin : *« Je vois*, se dit alors celui-ci, *il s'agit d'une trompette piccolo, typique de Bach. »* Quelques jours plus tard, le trompettiste David Mason, qui ne savait même pas qui étaient les Beatles, fut convié au studio d'Abbey Road. Il débarqua muni d'un jeu de neuf trompettes. Paul se mit à lui chanter, à la note près, le solo qu'il avait en tête. George Martin le retranscrivit et David Mason sortit la bonne trompette, la fameuse piccolo. L'affaire fut vite pliée. Mason joua la partition, rangea son jeu d'instruments et repartit. Il gagna dans l'affaire à peu près une vingtaine de livres sterling (soit environ le pouvoir d'achat d'environ six cents euros aujourd'hui).

JEUX DE MOTS ET DOUBLE SENS

THE BEATLES
FIXING A HOLE
(1967)

Commençons par corriger une légende très répandue. « Fixing a Hole » (« Je comble une faille »), une chanson qui figure dans le célèbre album *Sgt. Pepper's Lonely Hearts Club Band*, ne fait en rien allusion aux travaux de couverture auxquels a pu se livrer Paul McCartney dans sa ferme écossaise. De toute façon, en 1967, il n'y habitait pas encore. Autre interprétation infondée : la chanson, croit-on savoir, fait allusion à l'héroïne. Beaucoup entendaient en effet *« fix in a hole »* (*« se faire un fix »*) : inexact mais, pour autant, pas si éloigné de la vérité. Paul McCartney fumait pas mal d'herbe en ce temps-là. Il avait bien consacré une chanson aux vertus de la marijuana, « Got to Get You into My Life », dans *Revolver*, mais personne, à part lui, n'en avait pris conscience. Sur ces questions, il cachait bien son jeu. John Lennon est le premier des Beatles à avoir pris du LSD. Paul s'en est quant à lui quelque temps méfié avant de se laisser entraîner par son camarade et ça lui a bien secoué la tête. Il écrit dans son livre *Paroles et souvenirs de 1956 à aujourd'hui* : *« J'ai eu de la chance, ça ne m'a pas trop détraqué. En prendre comportait un aspect effrayant : lorsque vous vouliez que ça s'arrête, ça ne s'arrêtait pas. »*

« Fixing a Hole » est une ballade swingante aux accords jazzy, un peu rétro, sur laquelle George Martin joue du clavecin. Dans l'esprit de Paul, il s'agissait d'écrire une sorte d'hymne à la délivrance de l'esprit au moyen de certaines drogues, qu'il se garde bien de désigner expressément. Il explique aujourd'hui qu'il souhaitait décrire son aspiration d'alors : abaisser toutes les barrières qui l'entravaient, lui et les jeunes de sa génération, à qui leurs parents disaient : *« Fais pas ci, fais pas ça, sois raisonnable, ne rêve pas trop. »* Les paroles de « Fixing a Hole » avaient de quoi, bien sûr, séduire les hippies de l'époque : *« I'm painting a room in a colourful way / And when my mind is wandering / There I will go »* (*« Je peins ma chambre de toutes les couleurs / Et là où mon esprit vagabonde / Voilà où je vais »*), ce qui était une façon de dire : *« J'empêche la pluie et la grisaille de doucher mes rêves. »* On entend ensuite cette formule à double sens : *« And it really doesn't matter if I'm wrong/ I'm right where I belong. »* On peut comprendre ou bien *« Et peu importe si j'ai tort / Je suis pile là où je dois être »* ou bien *« Peu importe si j'ai tort / Là où je suis, j'ai raison. »* Dans les deux cas, c'est très hippie. Voici, à ce sujet, un beau passage extrait du livre de souvenirs de Paul McCartney :

> *« Avant d'écrire une chanson, il y a un trou noir : je me mets alors à la guitare ou au piano pour le combler. L'idée qu'il y a ce vide à combler n'est pas moins noble, en tant qu'amorce à l'inspiration, qu'un éclair qui fendrait le ciel. Dans les deux cas, cela relève du miracle. Je m'assois et vois du noir. Un trou, un vide. Alors je commence mon numéro de magie et, trois heures plus tard, je sors un lapin de ce qui ressemblerait à un trou mais qui était, en fait, un chapeau haut de forme. Ou bien il n'y a plus de trou noir à la fin de la séance mais un paysage coloré. »*

« You Never Give Me Your Money » témoigne de l'esprit d'expérimentation qui n'a cessé d'animer les Beatles, et particulièrement Paul McCartney, entre les années 1966 et 1969. Collé à d'autres, ce fragment de chanson – plus qu'une chanson à part entière – figure sur la seconde face du dernier album que les Beatles ont enregistré ensemble, à l'été 1969, *Abbey Road*. Ceux qui le connaissent par cœur se rappellent à coup sûr les sons de cigales, de clochettes

THE BEATLES
YOU NEVER GIVE ME YOUR MONEY
(1969)

et les chants d'oiseaux qui parcourent la longue « suite » de fragments de chansons constituant l'essentiel de la seconde face. Il s'agit de boucles que Paul McCartney a réalisées lui-même à partir des archives sonores des studios d'EMI. Les paroles de « You Never Give Me Your Money » sont assez directes. Elles traduisent l'expérience que chacun de nous peut vivre quand il communique avec son agence bancaire. Des documents vous informent que vous possédez telle somme sur vos comptes ou que vous avez le droit d'emprunter tant. Cependant dès que vous voulez disposer de ces sommes, la personne en face de vous explique qu'en fait ce n'est pas si simple. C'est ce qu'évoque Paul McCartney dans cette chanson, alors que les sommes en jeu pour les Beatles étaient, bien sûr, pharamineuses.

Durant cette période, en 1969, tout partait en capilotade. John Lennon avait annoncé aux autres qu'il voulait partir, que les Beatles ne l'intéressaient plus mais personne n'avait le droit de divulguer l'information. Leurs finances étaient dans un état catastrophique. L'aventure de l'entreprise Apple, gérée n'importe comment, reposant sur de beaux principes philanthropiques, avait été un gouffre financier. Lennon avait tiré de son chapeau un trouble homme d'affaires new-yorkais, Allen Klein, qui avait la réputation de négocier de très bons contrats pour ses clients dans le milieu de la musique mais aussi de s'en mettre plein les poches au passage. Ce dont les Rolling Stones, qui avaient eu recours à lui aux États-Unis, s'étaient aperçus trop tard. Lennon était tombé dans le panneau. Klein avait bien sûr des qualités mais McCartney, lui, avait flairé l'embrouille et refusé de se lier à lui. Il s'était carrément opposé frontalement à Allen Klein qui, outre Lennon, avait embobiné George Harrison et Ringo Starr. Furieux, Paul avait fait un procès aux autres, ce qui avait rendu particulièrement acrimonieuse la séparation des Beatles. En tout cas, « You Never Give Me Your Money » évoque ces réunions désespérantes autour de l'argent, avec des comptables. Elle parvient néanmoins à évoquer les choses avec légèreté et même humour, comme dans un dessin animé : l'argent fourré dans un grand sac marqué « dollars » part dans un gros camion jaune, on ne sait trop où (piqué par les Rapetou, pourrait-on imaginer). *« You never give me your money / You only give me your funny paper / And in the middle of negotiations you break down »* (*« Tu ne me donnes jamais ton argent / Tu me donnes ton drôle de papier et c'est tout / Et en pleine négociation, tu laisses tomber – ou tu craques »* – il existe deux sens dans *« break down »*). Tout se finit par un doux rêve, typique de McCartney, l'envie de fuir, loin de tout ça, avec Linda : *« Pick up the bags and get in the limousine »* (*« On prend les bagages et on monte dans la limousine »*).

AUTRE MARABOUT-BOUT DE FICELLE MUSICAL

PAUL & LINDA McCARTNEY
UNCLE ALBERT / ADMIRAL HALSEY
(1971)

« Uncle Albert/ Admiral Halsey » est une des chansons les plus surprenantes de Paul McCartney. Constituée de petits bouts accrochés les uns aux autres, elle se présente comme une sorte de marabout-bout-de-ficelle musical. Si l'on compte bien, elle comporte douze micro-sections composant une mini-suite de quatre minutes cinquante. Il s'agit d'un des passages les plus mémorables de l'album *Ram*, enregistré à New York et publié au printemps 1971. Sur la pochette, on voit Paul McCartney dans sa ferme écossaise, tenant un bélier (*« ram »*) par les cornes. On a coutume de présenter l'album *Ram*, de manière un peu inexacte, comme son deuxième album solo, alors qu'il s'agit en fait du premier attribué au duo de Paul et Linda McCartney, publié quelques mois à peine avant le tout premier de leur groupe Wings, *Wild Life*. Dans cette façon de passer musicalement du coq à l'âne, « Uncle Albert / Admiral Halsey » rappelle la seconde face de l'album *Abbey Road* des Beatles. On peut aussi penser au côté comique et enfantin propre à l'album *Smile* des Beach Boys, abandonné en chantier par leur compositeur Brian Wilson en 1967, mais dont une partie avait été néanmoins publiée cette année-là sous le titre de *Smiley Smile*.

« Uncle Albert » (l'oncle Albert) était un personnage bien réel : un oncle par alliance de Paul, qui avait épousé une des sœurs de son père, Mildred,

DE HAUT EN BAS :
L'ALBUM *RAM*, SORTI EN 1971 CHEZ APPLE.
L'ALBUM AVORTÉ, *SMILE*, DES BEACH BOYS, QUI AURAIT DÛ SORTIR EN 1967 MAIS QUI VOIT FINALEMENT LE JOUR EN 2011 SOUS LE NOM *THE SMILE SESSIONS*, CHEZ CAPITOL.

dite Milly. Ce personnage se situait un peu plus haut que le père de Paul sur l'échelle sociale. Paul se souvient que, pendant les fêtes de famille, dès qu'il avait un coup dans le nez, Albert montait sur la table et se mettait à déclamer des passages du Nouveau Testament. Il se rappelle que, quand il a écrit cette chanson, il avait vingt-huit ans et repensait avec nostalgie à la chaleur de ces fêtes de famille à Liverpool, sa ville natale dans laquelle il aimerait toujours, au cours des années soixante-dix, retourner régulièrement (à la différence des autres ex-Beatles). Une habitude qu'il conserverait par la suite. Quant à l'amiral Halsey, qui commanda la Troisième flotte des États-Unis pendant la Seconde Guerre Mondiale, Paul n'a plus la moindre idée aujourd'hui de ce que ce personnage fait là-dedans. Peut-être était-ce pour symboliser l'alliance entre lui, citoyen britannique, et sa femme Linda, citoyenne des États-Unis : *« Hands across the water, heads across the sky »* (*« Mains jointes par-dessus les eaux, têtes jointes à travers le ciel »*). Dans cette chanson, Paul fait le clown. Il imite cette sonnerie coassante propre aux téléphones fixes en Grande-Bretagne, à deux notes brèves, si caractéristique. Il s'amuse à prendre un accent aristocratique, il change de rythme, de tempo, de style, on entend aussi un effet d'orage et de pluie, comme dans une chanson pour enfants.

Tout le monde connaît, naturellement, le rôle que la new-yorkaise Linda Eastman, que Paul épousa en mars 1969, a joué dans sa vie : remarquable photographe professionnelle, excellente chanteuse et musicienne amatrice, elle a entraîné Paul vers une vie plus bohème, plus libre. Il l'a dit et répété : il avait grandi dans un milieu modeste, sans grande ouverture sur le monde extérieur. Le terrain, néanmoins, était préparé. Dans le monde ouvrier, celui de ses parents, on quittait l'école à quatorze ans pour travailler aussitôt. En Grande-Bretagne, dans la génération de Paul, les garçons de ces milieux pouvaient déposer une demande de bourse pour entrer dans une *« art school »* (Institut des Beaux-arts). Il suffisait d'un dossier, avec quelques dessins, pour obtenir une bourse de quatre ans d'étude. Il ne faut pas chercher plus loin, c'est pour cette raison que tous ces jeunes musiciens britanniques qui faisaient du rock ont pu découvrir un autre monde, inconnu de leurs parents : celui de l'art, de la photographie, de la peinture, du théâtre, de l'avant-garde artistique, parfois, qu'ils ont naturellement mêlé à leur amour du blues et du rock'n'roll. Les Rolling Stones, les Kinks, les Who, David Bowie, Roxy Music : la liste est longue, à l'infini. C'est ce qui a apporté cette esthétique et, parfois, cette recherche particulière, propres au rock britannique.

En tout cas c'est à Londres que Paul McCartney a prolongé sa découverte d'un autre monde, et en particulier grâce aux Asher, les parents de sa première fiancée, Jane, chez qui il a longtemps logé, dans une chambre de bonne, au dernier étage. Ils ont constitué son *« art school »* privée à lui. Dans le livre de souvenirs qu'a écrit avec son ami londonien Barry Miles, *Many Years from Now*, Paul évoque la famille Asher avec un mélange d'admiration, de tendresse et d'affection. Jane, sa fiancée, l'impressionnait beaucoup. Elle avait commencé à jouer la comédie au théâtre et à la télévision dès l'âge de sept ans. Tout comme son frère aîné, Peter, également musicien, devenu le grand copain de Paul. Le père, un grand médecin psychiatre, avait cette douce excentricité toute britannique. La mère enseignait la musique, le hautbois et la flûte. Elle avait eu George Martin comme élève. Auprès d'eux, Paul apprenait. Il découvrait le théâtre, il faisait la connaissance des amis artistes des Asher, comme le grand auteur de théâtre Harold Pinter. Et le père Asher l'a initié à la peinture. En face de chez les Asher, sur Wimpole Street, habitait le poète Edward James, un mécène très fortuné qui finança entre autres Salvador Dalí et d'autres grands artistes du surréalisme. Chez lui logea quelque temps le peintre belge René Magritte qui peignit là de nombreux tableaux, dont le célèbre Jeu de Mourre. Ce tableau très connu représente un homme en costume gris, chapeau melon et cravate rouge se tenant devant un parapet, dos à la mer. Son visage est rendu absurdement invisible par la présence, incongrue et inexplicable, d'une belle pomme verte tout juste cueillie de l'arbre, aux quatre feuilles intactes. Une image dont McCartney se souviendra quand il faudra créer, en 1968, un emblème pour Apple, la firme des Beatles.

DE HAUT EN BAS :
AVEC JANE ASHER, SA PREMIÈRE FIANCÉE, LORS DU MARIAGE DE SON PETIT FRÈRE, MIKE, EN JUIN 1968.

AVEC LINDA EASTMAN, SA FEMME, À L'AÉROPORT DE HEATHROW, EN AVRIL 1975.

UN COLLAGE SURRÉALISTE POUR *JAMES BOND*

PAUL McCARTNEY & WINGS
LIVE AND LET DIE (1973)

« Live and Let Die » est la plus célèbre des chansons propres à la veine orchestrale de Paul McCartney, elle aussi le fruit d'un de ses étranges collages. Elle est la chanson-titre du *James Bond* de l'année 1973, *Vivre et laisser mourir*. McCartney avait été extrêmement flatté qu'on lui passe cette ambitieuse commande qui le sortait de ses habitudes. Il a lu d'une traite le roman de Ian Fleming dont le film était tiré, et la chanson, raconte-t-il, lui est venue tout de suite, au piano. « Vivre et laisser mourir » est une formule à laquelle un autre compositeur aurait donné un tour défiant ou menaçant. Pas McCartney. Chez lui, « Live and Let Die », c'est plutôt : *« N'en fais pas toute une histoire, laisse tomber. »* Comme il l'écrit dans son livre, dans son esprit cela signifie *« Lâche prise »*.

LE FILM *LIVE AND LET DIE*, DE LA SÉRIE *JAMES BOND*, SORTI EN 1973 ET RÉALISÉ PAR GUY HAMILTON. LE SINGLE « LIVE AND LET DIE / I LIE AROUND », SORTI EN 1973 CHEZ APPLE/EMI.

La chanson est ainsi le fruit d'un collage, ce qui est très inattendu pour un film de la série *James Bond*. La première partie constitue un prélude d'une trentaine de secondes, tout en douceur, assez insidieux et même trompeur. Lui succède vite une partie symphonique, au rythme de cavalcade, écrite et orchestrée par George Martin. Sur scène, pendant les concerts de McCartney, l'arrivée de ce passage était précédée d'une brusque explosion accompagnée d'effets pyrotechniques. La chanson accueille aussi une micro-partie reggae d'une quinzaine de secondes, que tout le monde a oubliée. La partie symphonique a longtemps été utilisée sur une chaîne publique de la télévision française comme générique d'une émission politique, *L'Heure de vérité* (ce qui créait souvent, d'ailleurs, un effet de comique involontaire). La structure témoigne là encore de ce goût de Paul McCartney pour le collage surréaliste, présentant la juxtaposition incongrue, apparemment absurde, d'éléments qui n'ont rien de commun, créant une surréalité nouvelle, inouïe, ce qui est une des définitions possibles du surréalisme que Paul McCartney a d'une certaine façon fait entrer dans la chanson populaire. Quand George Martin est parti pour les Caraïbes afin de faire écouter « Live and Let Die » à l'un des deux coproducteurs du film, celui-ci lui a répondu : *« Elle est bien, cette maquette, mais qui va interpréter la chanson ? - Eh bien, Paul McCartney lui-même »*, a répondu Martin. Le producteur a d'abord avoué son scepticisme avant d'accepter. McCartney n'y croyait également pas plus que ça. Et pourtant, à l'été 1973, la chanson a fait un tabac. Elle est aujourd'hui encore la chanson tirée d'un film de *James Bond* la plus populaire au monde.

WINGS
LONDON TOWN
(1978)

Quant à « London Town », c'est une composition qui, là aussi, glisse bizarrement d'une ambiance à l'autre. Cette ballade, sortie en 1978, donne son titre à un album du même nom. Elle évoque fortement les Beatles, à cette différence, peut-être, que le synthétiseur remplace les instruments de l'orchestre. Il y figure un étrange passage reggae-funk. On pouvait trouver couramment ce type de juxtapositions dans la musique dite progressive, qui dominait encore la période. La particularité de McCartney consiste à appliquer l'expérimentation au cadre de la chanson populaire, au tube qu'on va entendre à la radio. Dans les paroles, comme il aime à le souligner, il ne sait pas très bien où il va. Une espèce de bonimenteur des rues aborde le personnage de la chanson et lui joue un air de flûte. Comme dans un rêve, la flûte devient le symbole d'autre chose. *« Toot, toot, toot »*, c'est en fait la cocaïne qu'il lui a vendue, et un flic, qui a assisté à leur manège, vient l'arrêter. Comme l'écrit Paul, *« j'aime la liberté qui consiste à pouvoir introduire ce genre d'éléments dans une chanson sans la moindre raison. »*

DES IMPROVISATIONS INATTENDUES

PAUL
McCARTNEY
MR.
BELLAMY
(2007)

Une des compositions les plus libres et visuelles de Paul McCartney, « Mr. Bellamy », est extraite d'un album qu'on cite rarement parmi ses meilleurs, *Memory Almost Full*, sorti en 2007. On peut pourtant y entendre d'excellentes chansons. Celle-ci constitue, une fois de plus, un étonnant collage. La seconde partie de la chanson n'a rien

L'ALBUM *LONDON TOWN*,
SORTI EN 1978 CHEZ PARLOPHONE.

L'ALBUM *MEMORY ALMOST FULL*,
SORTI EN 2007 CHEZ HEAR MUSIC.

à voir, musicalement, avec la première, du moins en apparence. La chanson décrit un type perché tout en haut d'un immeuble, prêt à sauter – ou pas. Les gens, en bas, le regardent, agglutinés, fascinés. Sont présents aussi les pompiers, la police et une équipe de psys, sans doute. Une partie des badauds, animée par une sorte de désir morbide, a envie que Bellamy saute. Une autre, inversement, prie de toutes forces pour qu'il ne le fasse pas. Et chacun, bien sûr, est fasciné par le spectacle. La seconde partie de la chanson laisse la place à une improvisation inattendue, une sorte de jazz klezmer, comme si la caméra qui nous avait révélé ce spectacle « dézoomait » et que ce spectacle qui nous a tenus en haleine n'était plus qu'un point microscopique.

PAUL McCARTNEY
NEW (2013)

Voici, pour terminer, une des plus belles chansons sur l'étonnement, l'incrédulité et aussi la terreur qu'un amour nouveau peut susciter en nous, alors qu'on n'attendait plus rien de la vie. Elle remonte à l'année 2013 et s'appelle « New » comme l'album dans lequel elle figure. Le vocabulaire auquel McCartney recourt est on ne peut plus simple, c'est celui du très jeune homme qu'il se sent redevenir puisqu'il vient de tomber, une fois de plus, amoureux : *« Don't look at me / It's way too soon to see / What's gonna be / Don't look at me / All my life / I never knew what I could be / What I could do / Then we were new / You came along / And made my life a song / One lucky day / You came along »* (*« Ne me regarde pas / Il est trop tôt pour voir / Ce que ça va donner / Ne me regarde pas / Toute ma vie / Je n'ai jamais su qui je pouvais être / Ce que je pouvais faire / Et puis nous avons été tout neufs / Tu es arrivée / Et tu as fait de ma vie une chanson / Un jour de chance / Tu es arrivée »*). ◆

L'ALBUM *NEW*,
SORTI EN 2013 CHEZ HEAR MUSIC.

CHAPITRE 5

LA VEINE RÉTRO, SWING ET JAZZY

Les goûts ouvertement rétro du plus nostalgique des quatre Beatles sont apparus très tôt. Ils ont de profondes racines familiales.

APRÈS LA GRANDE DÉPRESSION

THE BEATLES
WHEN I'M SIXTY-FOUR
(1967)

La seconde face de l'album psychédélique des Beatles, *Sgt. Pepper's Lonely Hearts Club Band*, paru en mai 1967, commençait par « Within You Without You », une chanson bien dans le ton hippie de l'époque. Elle était écrite et interprétée par George Harrison s'accompagnant au sitar indien. Celui-ci chantait des paroles comme *« With our love, we could save the world, if they only knew »* (*« Grâce à notre amour, nous pourrions sauver le monde, si seulement ils savaient »*). Et puis, brusquement, arrivait « When I'm Sixty-Four » qui, dans le fond comme dans la forme, se situait aux antipodes de ce qu'on venait d'entendre. « When I'm Sixty-Four » (« Quand j'aurai soixante-quatre ans ») disait : *« When I get older, losing my hair/ Many years from now / Will you be sending me valentines / Birthday greetings, bottle of wine ? »* (*« Quand je serai plus vieux et que je perdrai mes cheveux / Dans bien des années / M'enverras-tu toujours une carte pour la Saint-Valentin / Des vœux d'anniversaire, une bouteille de vin ? »*).

PAUL DIRIGE LE BLACK DYKE MILLS BAND, LE 30 JUIN 1968. © MIRRORPIX / BRIDGEMAN IMAGES

C'était une chanson délibérément rétro, au style parodique des années trente, décrivant, sur un ton loufoque, la conversation sans paroles d'un couple de retraités d'autrefois. Elle aurait pu être interprétée par Fred Astaire. « When I'm Sixty-Four » est un des premiers airs, encore sans paroles, que Paul McCartney avait trouvés, vers l'âge de quinze ans, sur le piano droit du salon familial du 20, Forthlin Road, à Liverpool, l'instrument sur lequel jouait son père, Jim, un musicien amateur. Celui-ci avait transmis à Paul son amour de la musique. Né en 1902, il animait, en veste de smoking, son propre Jim Mac's Jazz Band et, après s'être gâté les dents en jouant de la trompette, il se contentait du piano. L'oncle Jack était au trombone, un cousin aussi était de la partie et, grâce à eux, la salle des fêtes du quartier s'animait. En ces temps lointains où la musique enregistrée n'existait pas, ou si peu, si on avait envie d'en écouter, il fallait en faire soi-même. Ce qui explique la naissance des Beatles comme des Rolling Stones. Et lors des fêtes de famille, bien sûr, tout le monde chantait.

Les McCartney descendaient de cette importante communauté irlandaise qui était venue chercher du travail à Liverpool, une ville qui, au tournant des dix-huitième et dix-neuvième siècles, avait été le plus important port marchand de Grande-Bretagne. On y comptait alors deux mille navires de fort tonnage, soit un tiers de plus qu'à Londres. Cette période florissante n'était cependant plus qu'un souvenir, surtout après la Grande Dépression économique des années trente, dont la ville ne s'est jamais remise. Cette Dépression fut à la source d'une émigration massive des Irlandais de Liverpool vers les États-Unis. Le Liverpool dans lequel est né Paul McCartney, le 18 juin 1942 à l'hôpital de Walton, dans le nord de la ville, a néanmoins subi d'autres maux, bien plus profonds. Ceux-ci expliquent sans doute cet élan exceptionnel, cette vitalité folle propres à la jeunesse et à la musique de cette ville. Entre le 17 août 1940 et le 10 janvier 1942, Liverpool a subi pas moins de soixante-huit bombardements, sans compter les alertes, dix fois plus nombreuses. Paul a grandi dans une ville en ruine, dévastée : dix mille maisons y ont été détruites, totalement ou en partie, et on a compté

À 8 ANS, EN 1950. © ARCHIVIO GBB / ALAMY BANQUE D'IMAGES

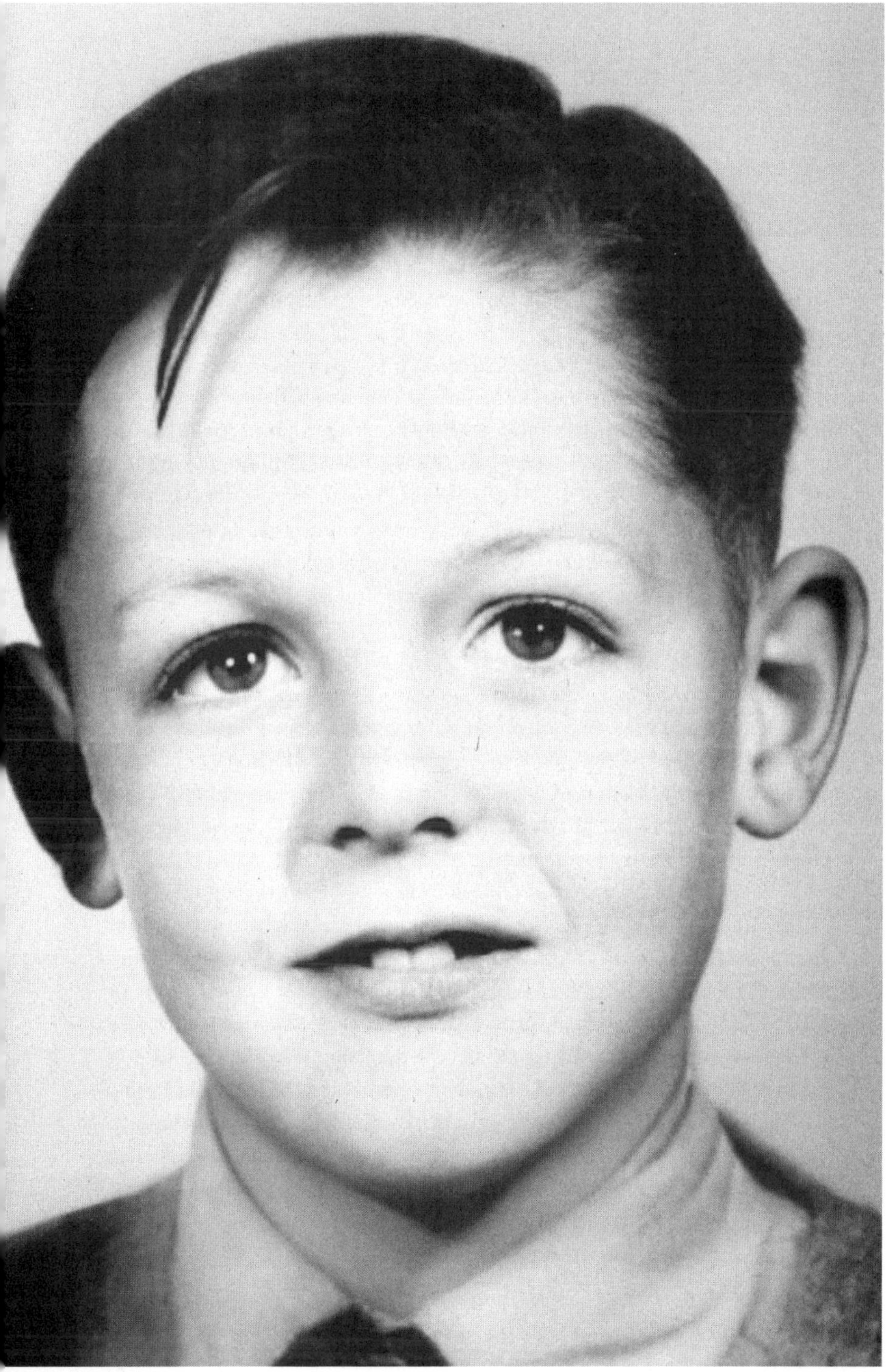

deux mille six cent cinquante morts, le plus souvent enterrés dans des fosses communes, et plus de deux mille blessés graves. Quantité de familles se sont retrouvées ainsi sans eau ni électricité dans des immeubles tenant à peine débout. C'est pourquoi il a fallu reconstruire, et vite. Les McCartney font partie de ces familles qu'il a fallu reloger, d'abord dans des meublés et préfabriqués provisoires. On a ensuite construit en lisière de la ville de nouvelles maisons, des immeubles en brique de quatre étages. C'est dans ce décor que Paul et son jeune frère Mike ont grandi. Le premier immeuble dans lequel ils ont habité a été construit dans la banlieue sud, près de l'aéroport et de l'usine de moteurs Ford. Comme le raconte Paul dans *Many Years from Now (op. cit.)*, *« il manquait aux gens la vie de la rue, le pub du coin, les petits magasins et le sens de la communauté »*. Et pourtant, cette situation exaltait l'enfant qu'il était : *« On avait l'impression d'être comme Christophe Colomb, au bout du monde connu, prêts à basculer de l'autre côté. »*

Pour les jeunes banlieusards de Liverpool qui grandissaient, comme Paul, dans un ghetto ouvrier, il n'y avait alors strictement rien. Et peut-être est-ce quand il n'y a rien, rien à quoi s'intégrer, rien à quoi se comparer, qu'on peut le plus rêver. Quelles perspectives le jeune Paul avait-il alors ? L'armée, sans aucun doute, puisque le service militaire était encore obligatoire au Royaume-Uni. Quand il se baladait dans les bois, près de chez lui, il s'imaginait chassant l'ennemi, une baïonnette entre les mains. Son père avait quitté l'école à quatorze ans. Cet homme plutôt conservateur et résigné à son sort exerçait un emploi modeste de représentant de commerce, lié à la bourse du coton. Son évasion, hormis la musique, c'étaient les mots croisés. Pour s'instruire, il lisait l'encyclopédie qu'il s'était offerte à crédit. Il rêvait de voir Paul ingénieur. Sa mère, Mary, la *Mother Mary* de « Let It Be », une infirmière qui était devenue sage-femme à domicile, avait plus d'ambition encore : elle imaginait Paul médecin. Cette femme affectueuse, chaleureuse, qui parcourait les rues de Liverpool à vélo, dans son uniforme bleu nuit, l'encourageait à apprendre, à mieux parler, elle corrigeait son accent. Sa mort survenue en 1956, consécutive à un cancer du sein qu'elle n'avait pas soigné, ni même déclaré (dans ces milieux, on serrait les dents et ne se plaignait de rien), est le premier malheur à avoir frappé Paul, qui n'avait que quatorze ans.

Cette épreuve l'a rapproché de John Lennon, rencontré l'année suivante, en 1957. Celui-ci allait lui aussi bientôt perdre sa mère, d'autant plus admirée qu'elle avait été hélas, pour lui, le plus souvent absente.

TOUJOURS ALLIER L'AVANT-GARDE ET LE RÉTRO AVEC LES BEATLES

THE BEATLES
THE LONG AND WINDING ROAD (1970)

« The Long and Winding Road » (« La route longue et sinueuse ») a été le dernier numéro 1 des Beatles aux États-Unis, en mai 1970, soit un mois après l'annonce de la séparation du groupe par McCartney lui-même. Dans les faits, le groupe n'existait plus depuis longtemps déjà. Quelques mois auparavant, John avait clairement informé Paul que, pour lui, les Beatles étaient finis. Cependant, d'un commun accord, la nouvelle n'avait pas filtré. L'album *Let It Be*, d'où la chanson était tirée, constituait le rafistolage posthume d'un album enregistré avant *Abbey Road* et laissé en plan. En 1970, Lennon et Harrison avaient confié au fameux réalisateur artistique new-yorkais Phil Spector, à la réputation dictatoriale, la mission de reprendre ce chantier abandonné et de livrer un produit fini. Ce qu'il fit à sa façon. Spector se livra en particulier sur « The Long and Winding Road » à des manipulations qui ulcérèrent Paul et constituèrent même un casus belli avec les autres. La version de « The Long and Winding Road », telle qu'on la découvrit alors dans l'album *Let It Be*, était écrasée par une puissante orchestration symphonique et d'envahissants chœurs wagnériens, bien dans la manière flamboyante de Spector. Paul McCartney s'était étranglé en entendant le résultat. Il dut, longtemps, ronger son frein. Trente-trois ans plus tard, en 2003, il prit sa revanche, obtenant l'autorisation juridique de publier sa propre version de l'album *Let It Be*, sous le titre de *Let It Be... Naked*, au sein duquel on put enfin découvrir sa propre version, dépouillée et sans fioritures, de « The Long and Winding Road », telle qu'il l'avait souhaitée. Dans la page qu'il consacre à « The Long and Winding Road » dans

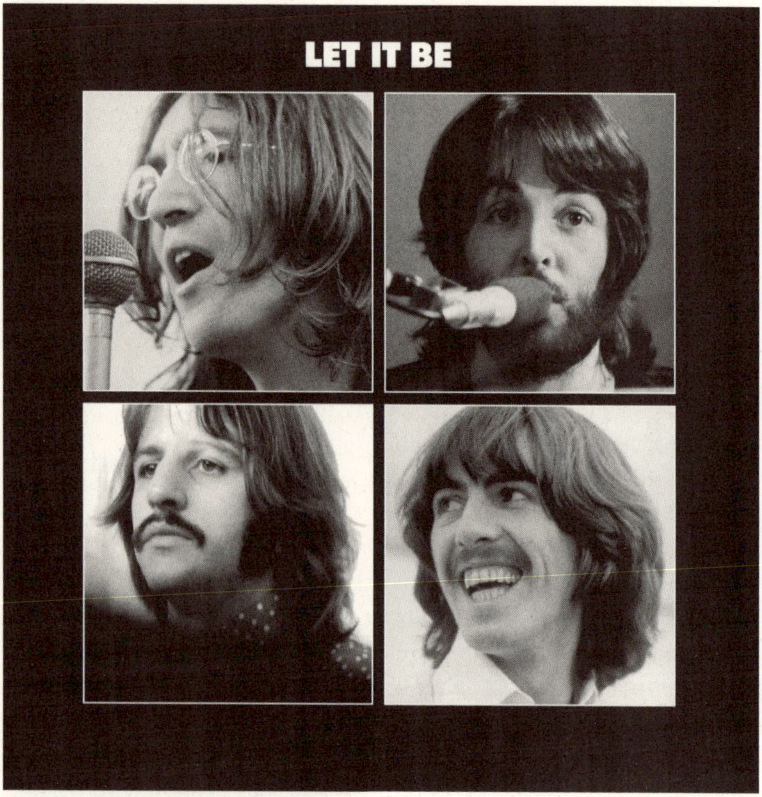

DE HAUT EN BAS :
L'ALBUM *LET IT BE*, SORTI EN 1970 CHEZ APPLE.
L'ALBUM *LET IT BE... NAKED*,
SORTI EN 2003 CHEZ APPLE/PARLOPHONE.

son livre *Paroles et souvenirs de 1956 à aujourd'hui*, Paul McCartney donne une clé. Il ne s'agit pas du sens de la chanson, flou, comme toujours, mais plutôt de la méthode qu'il a employée pour la composer. Elle lui a notoirement été inspirée par une route que, depuis sa ferme située près de la côte ouest écossaise, il voyait aller vers la mer :

> *« Quand j'écris une chanson, j'utilise souvent un truc de prestidigitateur. Par exemple, j'imagine que la chanson est écrite par quelqu'un d'autre - en l'occurrence, Ray Charles. Comme souvent, j'avais envie d'écrire n'importe quel genre de chanson, sauf du McCartney. C'est une bonne stratégie pour rester créatif. On peut toujours invoquer quelqu'un d'autre que soi-même. Quand on écrit, on peut enfiler un masque et une cape, ça permet de lever toute inquiétude. Ça libère. On finit par se rendre compte que ce n'est pas une chanson de Ray Charles mais la nôtre. La chanson a trouvé sa vie propre. »*

Sans doute est-ce là un des secrets de fabrication les plus intéressants que nous fait partager Paul McCartney. On peut d'ailleurs assimiler une telle approche à l'ambition première qui avait été celle de John Lennon et Paul McCartney à leurs débuts. Ceux-ci rêvaient d'écrire des chansons dans des styles aussi différents que possible afin de les vendre à une maison d'édition musicale. Pour cette raison, ils se glissaient déjà, spontanément, dans la peau d'autres interprètes divers. Paul s'est ainsi imaginé dès son plus jeune âge co-auteur, avec John, de chansons pour tous, voire de comédies musicales. Là se trouve l'une des clés du succès universel des Beatles, qui n'ont jamais rien exclu de leur horizon musical : le rétro et l'avant-gardiste, le ringard et l'expérimental, la comptine pour enfants et le cri sauvage du blues. Non seulement, ils accueillaient tout mais aussi ils mélangeaient tout. Le pas sérieux et le sérieux se sont toujours entremêlés chez eux jusqu'à un certain point d'envoûtement qu'aucun autre groupe, peut-être, n'a jamais atteint.

LES ORCHESTRATIONS DE FANFARES ET UNE MULTITUDE DE SONS EN TOUT GENRE

WINGS
YOU GAVE ME THE ANSWER
(1975)

Encore un exemple de ce style rétro pour lequel Paul McCartney a toujours conservé une tendresse, « You Gave Me the Answer », est une chanson qu'il a signée avec le groupe Wings en 1975 et qu'on trouve dans l'album *Venus and Mars*. Elle a sûrement été au goût de son père, Jim, auquel, tristement, il ne resterait plus beaucoup de temps à vivre. Paul lui avait fait un très beau cadeau en reprenant, pour clore l'album en question, un air instrumental que celui-ci jouait avec son orchestre, le seul de sa composition, « Walking in the Park with Eloise ». On trouve régulièrement, chez McCartney, ces orchestrations de clarinettes, comme dans « When I'm Sixty-Four », ou de fanfares en général, qui lui venaient de son enfance et en particulier de son père, qui l'emmenait régulièrement écouter l'orphéon municipal. Celui-ci l'avait initié à l'harmonie et lui avait même offert une trompette, que Paul s'était empressé de revendre pour s'acheter sa première guitare.

« Let 'Em In » (« Laissez-les entrer ») constituait l'entrée en matière de *Wings at the Speed of Sound*, un album enregistré par Wings à Abbey Road, à Londres, alors que leur tournée triomphale, en 1975 et 1976, faisait une pause. La chanson est dérivée en droite ligne des souvenirs de fanfare de Paul McCartney. Paul n'avait pas une grande estime pour celle-ci, une simple énumération de noms propres. *« Someone's knockin' at the door / Somebody's ringin' the bell... »* (*« Quelqu'un frappe à la porte / Quelqu'un vient sonner... »*). Des noms lui traversent la tête. « Sister Suzy », c'est Linda. Quand Paul et Linda étaient en Jamaïque, tout le monde l'appelait Suzy, puisque, pour les Noirs jamaïcains, une femme blanche est une « Suzy ». « Brother John » est peut-être John Lennon ou bien John Eastman, le frère de Linda. « Auntie Jin » est sa propre tante Jane. Il fait aussi défiler des personnages qui ont compté pour lui : « Martin Luther », c'est Martin Luther King, et « Brother Michael », Michael Jackson, qui n'avait encore que dix-sept

WINGS
LET 'EM IN
(1976)

ans et que Paul venait de rencontrer avec ses frères, les Jackson Five. Paul écrit, à propos de « Let 'Em In », qu'il n'en est pas très fier, que c'est *« un truc à deux sous parti de trois fois rien »*. Cela dit, la différence entre McCartney et d'autres, peut-être plus exigeants ou simplement plus inhibés, c'est que, même quand c'est *« trois fois rien »*, il insiste, il tire le fil, même si ce fil rapporte un peu n'importe quoi. Dans *Paroles et souvenirs de 1956 à aujourd'hui*, il écrit à propos de « Let 'Em In » :

> *« Il arrive que des chansons surgissent d'un endroit mystérieux. La plupart du temps, si on a de la chance, les paroles et la musique viennent simultanément. On s'installe pour composer et on démarre. On essaie différentes choses et, au bout d'un certain temps, on entend une petite phrase qui commence à fonctionner. Alors on suit cette piste. Les artistes semblent savoir instinctivement que, s'ils sont réceptifs et jouent suffisamment avec ce petit amas de paroles ou de notes, quelque chose en sortira. Quelque chose entrera tout seul. On n'a même pas besoin de le laisser entrer. »*

LE SINGLE « LETTING GO / YOU GAVE ME THE ANSWER », SORTI EN 1975 CHEZ CAPITOL.

LE SINGLE « LET 'EM IN / BEWARE MY LOVE », SORTI EN 1976 CHEZ PARLOPHONE.

WINGS
BABY'S REQUEST
(1979)

« Baby's Request » est une chanson que Paul McCartney avait écrite à l'origine pour un quatuor vocal noir américain des années trente, les Mills Brothers. Il se trouvait en vacances dans le sud de la France à la fin des années soixante-dix et, par hasard, il avait entendu ces frères Mills, toujours fringants, chanter dans une boîte locale. L'expérience lui avait donné envie d'écrire une chanson pour eux, dans un de ces styles rétro qu'il a toujours affectionnés. De retour à Londres, il a enregistré avec son camarade de Wings, Denny Laine, au piano, la maquette d'une chanson dans laquelle on entend ce son, très daté, de synthétiseur imitant un trombone. Et puis il y a eu un micmac. Le manager des Mills Brothers pensait que McCartney allait payer son groupe pour que celui-ci interprète « Baby's Request », ce qui n'était pas du tout l'intention du compositeur, qui souhaitait simplement offrir cette chanson. La maquette a fini par atterrir dans un album sorti en 1979, *Back to the Egg*, le dernier signé Wings, et personne, ou presque, ne l'a remarquée.

WINGS
GOODNIGHT TONIGHT
(1979)

Cette année-là, Paul McCartney et Wings ont eu un tube inattendu, « Goodnight Tonight », là encore une de ces hybridations aussi libres qu'incongrues qui caractérisent bien la manière de McCartney. On y entend une excellente ligne de basse, bondissante, funky et dansante, aussi mélodieuse que rythmique, soulignant la mélodie en contrepoint. On y révèle des roulements de guitare flamenco, des percussions latines, une ambiance reggae-dub, ainsi qu'un effet de voix déformée au vocoder (Kraftwerk est passé par là). On a l'impression que McCartney jette dans la marmite tout ce qui est à portée de main et ça marche, parce que, comme un enfant, il s'amuse et ne s'interdit rien. Il ne juge pas ce qu'il fait. La chanson, arrangée autrement, selon un autre rythme, aurait pu être un charleston ou un mambo. Dans la vidéo, McCartney et les autres musiciens de Wings portent des smokings des années trente et Linda une robe de soirée. La chanson était à la fois rétro et moderne, avec un petit quelque chose de malicieux et de loufoque, comme toujours chez McCartney.

DE HAUT EN BAS :
L'ALBUM *BACK TO THE EGG*,
SORTI EN 1979 CHEZ PARLOPHONE/MPL.
LE SINGLE « GETTING CLOSER / BABY'S REQUEST »,
SORTI EN 1979 CHEZ PARLOPHONE/MPL.

RÉMINISCENCES D'AMOURS PERDUES

PAUL
McCARTNEY
I DO (2001)

« I Do » est une chanson qui n'a guère été remarquée en son temps et, encore aujourd'hui, peu de gens la connaissent. Elle figurait dans un album oublié, *Driving Rain*, sorti en 2001, le premier de chansons originales signées par Paul McCartney après la mort de sa femme Linda, complice, collaboratrice et libératrice, comme il l'a dit. C'est une des chansons les plus poignantes qu'il ait écrites : *« Just remember this / After a time it's through / And nevermore / Will there be days / For me and you / This is all I ask / All I ask of you / Please remember darling, I do / Love you »* (*« Rappelle-toi ceci / Au bout d'un moment c'est fini / Et plus jamais / Il n'y aura de jours comme ceux-là / Pour nous / C'est tout ce que je demande / Tout ce que je te demande, ma chérie / Rappelle-toi, s'il te plaît, que oui / Je t'aime »*). Difficile de faire des paroles plus simples, plus niaises, diront les ricaneurs. Peut-être mais quand on est démuni, qu'on a perdu la personne qu'on chérissait le plus au monde et que les mots vous manquent, ce sont les plus nus et les plus bêtes qui vous comblent.

PAUL
McCARTNEY
MY VALENTINE
(2012)

En 2012, Paul McCartney, à soixante-dix ans, a signé un de ses albums les plus fraîchement accueillis, *Kisses on the Bottom*. Composé, presque exclusivement, d'airs populaires américains des années vingt, trente et quarante, que chantait son père au piano, à la maison : des chansons de comédie musicale mais pas seulement. Il y a cependant ajouté une chanson nouvelle, inédite, « My Valentine », composée dans un style rétro, cette fois sans double fond, ironie ou loufoquerie. Dans son livre, décidément passionnant, *Paroles et souvenirs de 1956 à aujourd'hui*, Paul raconte comment elle est née. Il était parti en vacances avec son frère et celle qui allait bientôt devenir sa nouvelle femme, Nancy, mais ces deux-là ne s'étaient pas encore complètement rapprochés et dormaient dans deux chambres séparées. Surtout que les paparazzi rôdaient. Pendant ces vacances, il pleuvait des cordes du matin au soir. Des vacances ratées, donc. Dans l'hôtel il y avait un piano auquel s'installait un militaire irlandais à la retraite qui lui rappelait son père. Paul sentait qu'il tombait amoureux de Nancy, que c'était fatal et qu'il n'y pouvait rien. Et c'est ainsi que « My Valentine », la seule composition originale de *Kisses on the Bottom*, lui est venue. Comme il avait peur de l'oublier, Paul s'est filmé avec une petite caméra vidéo Handycam posée sur le piano, puisque en 2011 les smartphones n'étaient pas encore capables de filmer aussi bien que de nos jours. Et il a eu raison, ç'aurait été dommage de perdre cette mélodie. ◆

LE SINGLE « GOODNIGHT TONIGHT », SORTI EN 1979 CHEZ PARLOPHONE.

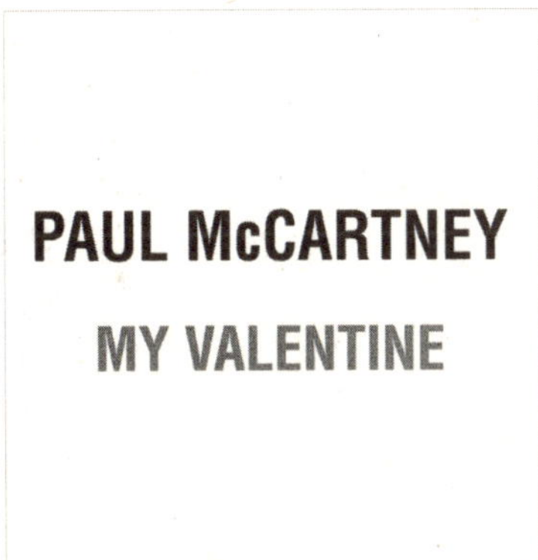

LE SINGLE « MY VALENTINE », SORTI EN 2012 CHEZ HEAR MUSIC/MPL.

CI-DESSUS :
L'ALBUM *KISSES ON THE BOTTOM*,
SORTI EN 2012 CHEZ HEAR MUSIC/MPL.

PAGE DE DROITE :
À L'ARÈNE DE VÉRONE, LE 25 JUIN 2013
© MONDADORI PORTFOLIO / BRIDGEMAN IMAGES

VOX

CHAPITRE 6

LES SOURCES RUSTIQUES, BLUES ET COUNTRY

Dès sa plus tendre enfance, cet enfant européen de l'après-guerre se rêvait cow-boy ou chercheur d'or. Sa musique l'a très tôt manifesté.

RÊVER D'AMÉRIQUE

THE BEATLES
ROCKY RACCOON
(1968)

C'est par un charleston des années vingt, avec un piano bastringue joué par George Martin, que se conclut, étrangement, cette chanson au style folk-blues américain archaïque. On a pu découvrir « Rocky Raccoon » dans le fameux *Double Blanc* des Beatles, paru à la fin de l'année 1968. Dans cette chanson, Paul McCartney s'amusait à adopter un vieil accent rural américain et parodiait, de façon loufoque, les histoires de cow-boys que pouvait raconter Bob Dylan. On croirait l'histoire sortie de la *Rubrique-à-Brac* de Gotlib. Un vieillard édenté commence à se rappeler une histoire qui s'est passée au temps de la ruée vers l'or, dans les mines du Dakota. Oui, se souvient-il, c'était un certain Rocky Raccoon. Il portait une toque en poils de raton-laveur, comme le célèbre Davy Crockett. Il avait une copine prénommée Magill mais, dit la chanson, elle préférait qu'on l'appelle Lil, même si en fait tout le monde

MANGEANT UN FISH AND CHIPS, NOVEMBRE 1977. © MIRRORPIX / BRIDGEMAN IMAGES

l'appelait Nancy. Bref, un certain Dan lui a volé la fille en question. Rocky suit la traîtresse et son nouveau fiancé. Il prend une chambre au-dessus d'un saloon. À côté de la sienne, se trouvent Lil-Nancy et son nouvel amant, Dan. Rocky entre en trombe, il dégaine mais l'autre a la gâchette plus leste et, boum, Rocky tombe raide. Enfin, presque. Un médecin arrive, un vieux dont l'haleine empeste le gin, et il dit à Rocky : *« Mon gars, t'en as plus pour longtemps. »* L'autre répond : *« Mais non, c'est rien, doc, une simple égratignure. »* Étendu sur le lit dans sa chambre, il ouvre le tiroir de la table de nuit, et dit : *« Regardez, il y a un gars, Gideon (Gédéon), qui m'a laissé sa bible, c'est un signe, je vais m'en sortir. »* Bon, Rocky n'est pas très futé. Aucun Gédéon ne viendra le sauver. *Gideon's bible*, c'est la bible des Gédéons, une société chrétienne, qui, il n'y a pas si longtemps encore, plaçait une bible dans les tiroirs des tables de chevet de toutes les chambres d'hôtel aux États-Unis.

Paul McCartney, comme les autres Beatles, avait longtemps rêvé d'Amérique, comme nombre d'enfants de l'immédiate après-guerre. Le port de Liverpool, où il avait grandi, avait été particulièrement éprouvé par la Seconde Guerre mondiale. Une bonne partie de la ville avait été détruite par les bombes allemandes et les enfants avaient grandi là en jouant dans un décor de ruines et de chantiers. La vie des gamins, dans le milieu de Paul, était rude et austère. Son père lui faisait ramasser le crottin de cheval dans les rues pour le vendre comme engrais. Paul avait dû aussi prendre un emploi de bobineur dans une usine. Il y avait de quoi rêver d'un ailleurs. Cet ailleurs, Paul le trouvait au port, là où les marins américains écoulaient, en contrebande, des cigarettes, des *comic books* (bandes dessinées) et des disques. Liverpool, qu'on a pu désigner comme la véritable capitale de l'Irlande, avait un lien très ancien et particulièrement étroit avec le Nouveau Monde. C'est du port de Liverpool que quantité d'Irlandais étaient partis chercher une vie meilleure. Au dix-neuvième siècle, on en a dénombré environ neuf millions. Longtemps, deux fois par mois, des paquebots partaient pour New York, plus souvent encore pour Baltimore, le port jouxtant Washington, ou encore plus au sud, pour Norfolk, sur la côte de Virginie. Paul, comme les autres Beatles, était avide de ce qui venait des États-Unis. Il y percevait une vie plus libre, multicolore, très loin des privations et de la rigidité sociale d'une vieille Europe en noir et blanc, encore corsetée. Le cinéma hollywoodien et ses stars, bien sûr, mais aussi la musique nouvelle, le rock'n'roll et le rhythm'n'blues, étaient pour Paul et les autres d'autant plus convoités qu'ils étaient, souvent, d'insaisissables objets de désir. Déjà, la radio nationale britannique ne diffusait pas ces disques de rock'n'roll. Aussi surprenant que cela paraisse aujourd'hui, le syndicat des musiciens avait en effet obtenu que la musique enregistrée soit bannie des ondes, redoutant, non sans raison, un manque à gagner. Paul écoutait à la radio sur ondes moyennes le service de Radio Luxembourg destiné aux troupes américaines stationnées dans le nord de l'Europe. C'est ainsi qu'il a découvert le tout premier tube de rock'n'roll, « Sh-Boom » par les Crew-Cuts, les chansons de Bill Haley bien sûr, puis Chuck Berry, Carl Perkins, Eddie Cochran, le Texan Buddy Holly, son modèle, et, bien sûr, Elvis. Il appréciait aussi d'autres chansons plus mélodieuses, comme celles des girl groups d'alors, les Shirelles et tant d'autres. Les disques étaient rares, le plus souvent introuvables, et les jeunes d'alors se les volaient. C'est dire la fascination particulière qu'exerçait sur eux l'Amérique.

Il faut revenir sur cette fascination qui a été la clé des succès des Beatles et des groupes britanniques qui ont déferlé dans leur sillage. D'une certaine façon, ceux-ci ont eu le génie de rendre universelle une certaine musique américaine qui se fabriquait dans les marges des villes des États-Unis et souvent dans ses ghettos. Quand les Beatles ont débarqué pour la première fois aux États-Unis, à l'hiver 1964, aucun chanteur ou groupe britannique n'avait obtenu là-bas de succès massif et durable. Il n'y avait pas de raison, au fond. Il s'est produit un heureux accident historique, à la source du succès mondial du rock, et à sa suite, d'autres musiques popu-

LE SINGLE « SH-BOOM », DES CREW-CUTS, SORTI EN 1954 CHEZ CAT.

laires nées aux États-Unis. En 1964, avant le déferlement de la *Beatlemania*, les États-Unis allaient très mal. Le président Kennedy venait de se faire assassiner et partout explosaient des émeutes et des affrontements liés à la ségrégation raciale, encore appliquée dans les États du sud-est. De plus, les tensions et frayeurs nées de la Guerre froide s'accentuaient et la terreur que la bombe atomique ne vienne tout brûler et raser était une hantise quotidienne. On assistait aussi au début de l'engagement américain au Vietnam. Il faut imaginer qu'un beau jour, dans un tel contexte, débarquent soudainement quatre gamins originaires d'une ville dévastée de la vieille Europe venant clamer aux Américains : *« Votre musique est géniale ! Vos bagnoles sont fabuleuses ! Vos stars sont les meilleures ! Vous nous faites rêver. Vive Elvis ! »*

Pour la jeunesse américaine, qui n'entend que des nouvelles déprimantes, c'est inespéré. Finalement, leur pays n'est pas aussi pourri que ça. Et c'est aussi un tour de force commercial. Parce que, d'une certaine façon, ces musiciens qu'aux États-Unis on désigne comme ceux de la *British Invasion* (l'Invasion britannique), ne font qu'imiter ou, disent les mauvaises langues, singer, en tout cas dérober les musiques qui s'inventent dans les marges de la société américaine, nées de mélanges, mal vus et le plus souvent proscrits par les représentants de l'élite aux États-Unis. Celles-ci étaient le fruit de la fusion du blanc et du noir, du sacré et du profane, du sexuel et du religieux et du masculin et féminin, aussi, puisque les Beatles avaient indéniablement quelque chose de féminin. Ces mélanges étaient insupportables pour ces pouvoirs qui souhaitaient que, dans la société des États-Unis, rien ne bouge et chacun reste à sa place. C'est ainsi que ces jeunes Britanniques que sont les Beatles, et tant d'autres à leur suite, ont miné cet édifice en faisant de ces musiques une mode universelle pour la jeunesse mondiale. Ils revendent en somme aux Américains la musique que ceux-ci ont pourtant produite eux-mêmes. Il y a là-dedans une sorte de génie commercial très britannique. Il faut néanmoins rappeler que ce n'est pas passé comme une lettre à la poste. Les Beatles se sont heurtés à d'importantes résistances, en particulier dans certains États du sud-est, comme l'Alabama, où, en 1966, une secte de Chrétiens fanatiques a carrément appelé à un autodafé de tous leurs disques et de tout ce qui leur était associé. Quoi qu'il en soit, cette réinvention des musiques américaines a été au cœur de la production des Beatles et de Paul McCartney par la suite. Le blues rural comme la musique country, sur lesquels je vais me concentrer dans ce chapitre, ont été présents dès le début.

INFLUENCES ROCK'N'ROLL, BLUES ET COUNTRY DES BEATLES

PAUL
McCARTNEY
EVERY NIGHT
(1970)

« Every Night » est une chanson attachante qui figure dans le premier album solo qu'ait signé Paul McCartney, *McCartney*, sorti en avril 1970 et dont la sortie avait correspondu à l'annonce officielle, par Paul, de la séparation des Beatles. La couverture en était une photo prise par sa jeune femme Linda : des groseilles éparpillées autour d'un bol sur un banc peint en blanc. Cette image se tenait au bord de ce surréalisme pictural qu'avait découvert Paul dans la famille de sa première fiancée londonienne, Jane Asher. Il avait enregistré cet album tout seul, chez lui, équipant son appartement londonien en home studio. À l'époque, très peu de musiciens pouvaient se le permettre, l'équipement étant bien sûr très onéreux. Paul avait joué de tous les instruments lui-même. Il avait aussi fait glisser ses doigts sur le rebord de verres à vin pour enregistrer la curieuse vibration que ceux-ci émettent. *McCartney* est un curieux patchwork qui a remarquablement vieilli. S'il était peintre, ce qu'est d'ailleurs Paul McCartney dans une vie parallèle, il s'agirait plutôt d'esquisses, présentant le charme propre à l'inachevé. Y figurent néanmoins deux des plus belles chansons qu'il ait jamais écrites, « Maybe I'm Amazed » et « Junk », qu'on découvre toutes nues, *« belles dans leur simple appareil »*.

Quand l'album est sorti, la plupart des critiques ont haussé les épaules. Banal, insignifiant, creux : des adjectifs que, toute sa vie, Paul McCartney a entendus. La légèreté, aux yeux de beaucoup de critiques, est toujours suspecte, comme si, en musique, celle-ci était plus facile que la complexité alors qu'en vérité c'est le contraire qui est vrai. Le charme et la magie, dans

DE HAUT EN BAS :
L'ALBUM *McCARTNEY*, SORTI EN 1970 CHEZ APPLE.
L'ALBUM *HELP!*, SORTI EN 1965 CHEZ PARLOPHONE.

la musique, c'est souvent insaisissable. On peut rester bredouille longtemps, l'épuisette désespérément vide, ou alors on n'attrape que des bricoles. Et puis soudain, on ne sait trop pourquoi, on capte des merveilles. Le secret, c'est d'être très obstiné et patient et McCartney l'a toujours été. Dans ce premier album qu'il a signé en solo, on trouve à la fois des bricoles et des merveilles, une constante chez lui. Ces esquisses de 1970 présentent le plus souvent des airs de rock'n'roll, blues et country américains, c'est-à-dire les sources, éternellement présentes, de sa jeunesse. McCartney a eu l'occasion d'approfondir sa connaissance du blues auprès d'un grand connaisseur du genre, John Mayall, un maître anglais qui fut le découvreur et le formateur, entre autres, d'Eric Clapton et de Peter Green. Quant à la musique country, il faut rappeler qu'elle a été présente dès les débuts des Beatles. Dans l'album de chansons du film *Help!*, paru en 1965, Ringo Starr avait repris « Act Naturally », une chanson popularisée par le chanteur country californien Buck Owens.

THE BEATLES
I'M LOOKING THROUGH YOU (1965)

« I'm Looking Through You », une chanson tirée de l'album des Beatles *Rubber Soul*, paru en 1965, avait déjà un parfum country. Paul l'avait écrite dans le petit salon de musique de l'immeuble londonien qu'occupaient les Asher, les parents de sa fiancée Jane, là où, au dernier étage, il logeait dans une chambre de bonne. Dans ce même petit salon, la mère, Mrs. Asher, donnait ses leçons de flûte à bec ou de hautbois. Paul venait alors de se disputer avec Jane, qui passait à son goût trop de temps loin de lui, au théâtre de la ville de Bristol où elle jouait, mais les paroles de « I'm Looking Through You » ont une portée universelle : *« I'm looking through you / Where did you go? / I thought I knew you / What did I know? »* (*« Je regarde à travers toi / Où es-tu partie ? / Je croyais savoir qui tu étais / En fait qu'est-ce que je savais ? »*).

Dans l'album *McCartney*, on pouvait découvrir «That Would Be Something», une sorte de rockabilly au tempo plutôt lent, dans lequel Paul imite admirablement la voix du jeune Elvis. Il en a fait une reprise en 1991 dans un style country-blues pour la série *MTV Unplugged* (sans instruments électrifiés).

PAUL McCARTNEY
THAT WOULD BE SOMETHING
(1970)
COUNTRY DREAMER
(1973)

« Country Dreamer » est, quant à elle, une chanson fort peu connue de Paul McCartney. Elle remonte à l'année 1973 et était apparue, sous une forme plus orchestrée, en face B de « Helen Wheels », un single (45 tours) signé Paul McCartney et Wings. On peut préférer une autre version : même pas une maquette mais un simple brouillon puisque Paul McCartney en a carrément oublié les paroles. Il s'agit d'une répétition du groupe, filmée dans le cadre d'un documentaire consacré à Wings et intitulé *One Hand Clapping*. Les liens entre les Beatles, Paul McCartney et la musique country sont nombreux. Déjà, à Liverpool, débarquaient depuis longtemps des bateaux convoyant du pétrole depuis les ports de la Nouvelle-Orléans et de Galveston, dans le golfe du Mexique. Ils transportaient aussi dans leur cargaison des disques de musique du sud, country and western, que collectionnait Ringo Starr. Celui-ci a d'ailleurs enregistré un album de chansons country, en 1971, qu'il a appelé *Beaucoups of Blues* (sic).

LE DOCUMENTAIRE *ONE HAND CLAPPING*, DE WINGS, RÉALISÉ EN 1974 ET ÉDITÉ EN DVD EN 2005.

De plus, le rocker préféré de Paul McCartney, celui qu'on peut même considérer comme son inspirateur et son modèle, était un Texan, Buddy Holly. Celui-ci avait fait ses débuts dans un style country traditionnel, même bluegrass, la version archaïque du genre. La découverte d'Elvis, en première partie duquel Buddy Holly avait chanté dans sa ville de Lubbock, dans le nord-ouest du Texas, avait été pour celui-ci une révélation. Sous l'influence d'Elvis, Buddy Holly avait débridé et même

DE HAUT EN BAS :
L'ALBUM *RUBBER SOUL*,
SORTI EN 1965 CHEZ PARLOPHONE.
LE SINGLE « HELEN WHEELS / COUNTRY DREAMER »,
SORTI EN 1973 CHEZ APPLE.

déchaîné son style, qu'on a appelé rockabilly, un rock'n'roll au parfum rural du sud, dont il n'était bien sûr pas l'unique représentant. Paul McCartney avait tout de suite remarqué que celui-ci composait ses propres chansons, plus accrocheuses les unes que les autres : elles avaient pour la plupart un rythme fébrile, haletant et leurs mélodies étaient aussi entêtantes que variées. On avait tout de suite envie de les entonner avec lui. Le groupe de Buddy Holly s'appelait les Crickets et ce n'est bien sûr pas un hasard si Paul et les autres ont choisi pour nom définitif les Beatles, un jeu de mots sur Beetles, qui, comme on sait, signifie Scarabées.

Paul et John avaient découvert Buddy Holly lors d'une émission britannique de la chaîne ITV, sur le gros téléviseur noir et blanc de leurs foyers respectifs, et, fascinés, avaient voulu tout étudier de lui : son style, son jeu de guitare et ses chansons, évidemment. La découverte de Buddy Holly a aussi été, entre parenthèses, un choc extrêmement profond pour Bob Dylan, il en a souvent parlé. Celui-ci a même introduit son discours de remerciement pour son prix Nobel de littérature en évoquant le clin d'œil que Buddy Holly lui aurait fait depuis la scène. Les Beatles, à leurs débuts, reprenaient régulièrement sur scène une douzaine de chansons de Buddy Holly, comme « That'll Be the Day » ou « Words of Love ». Quand, en 1969, ils ont enregistré l'album abandonné *Get Back*, qui deviendra *Let It Be*, Lennon a spontanément chanté « Mailman, Bring Me No More Blues » de Buddy Holly. Tragiquement, ce génie est mort en 1959 à vingt-deux ans seulement, dans un accident d'avion. Paul McCartney lui est resté éternellement fidèle et, en 1976, il a même racheté les droits de son catalogue de chansons.

Enfin, si on parle de musique country, il est impossible de ne pas mentionner l'influence immense des Everly Brothers, deux frères installés à Knoxville, dans le Tennessee, non loin de Nashville, eux aussi passés d'une musique country traditionnelle au rock'n'roll. Leurs harmonies vocales ont servi de modèles aux Beatles, tout comme, d'ailleurs, au célèbre duo new-yorkais Simon and Garfunkel.

DANS UNE CHAMBRE D'HÔTEL À MELBOURNE, AUSTRALIE, LE 22 JUIN 1964. © BRIDGEMAN IMAGES

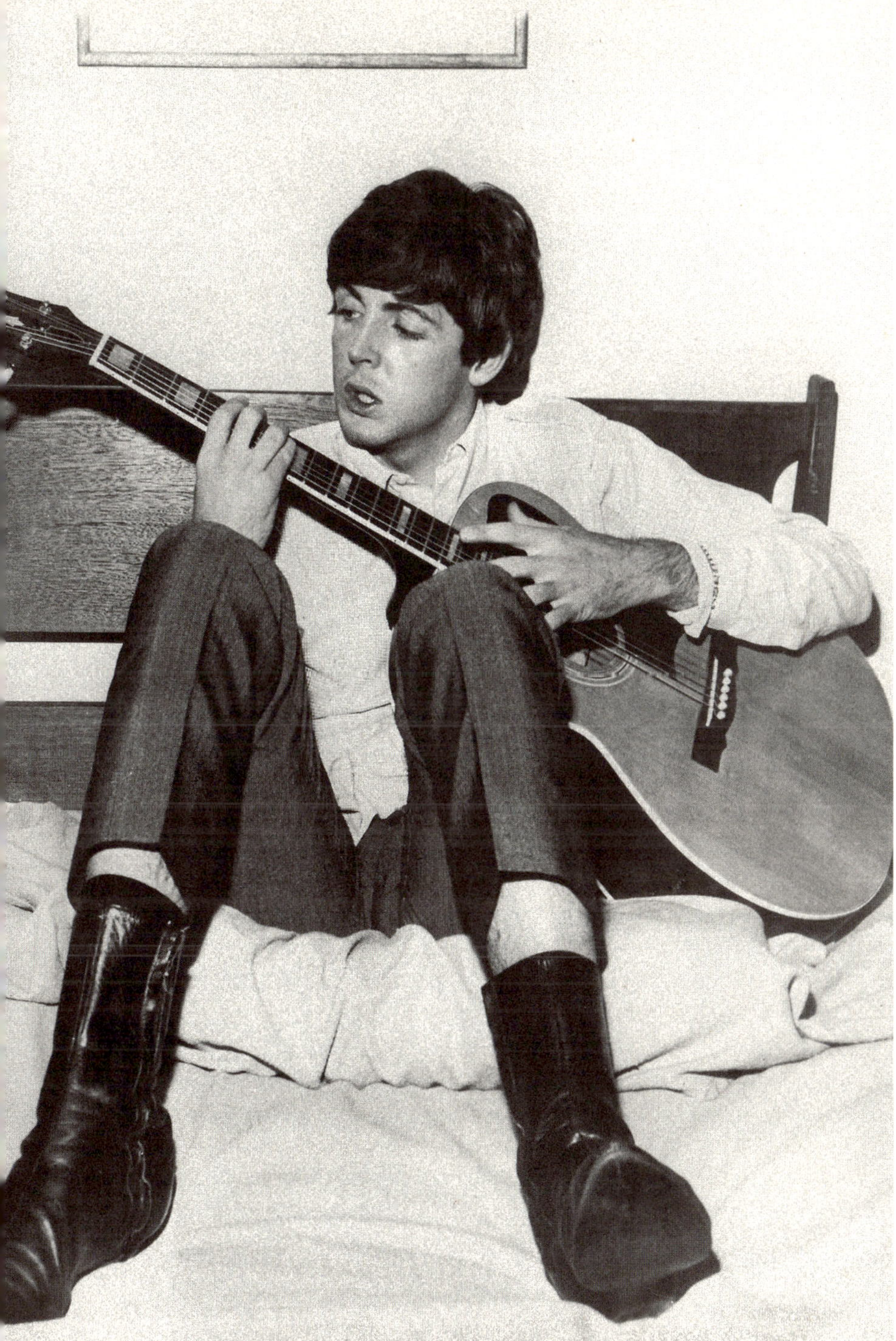

RETOUR AUX RACINES D'UN COUNTRY-BLUES ARCHAÏQUE (APRÈS LES BEATLES)

PAUL McCARTNEY
GREAT DAY
(1997)

« Great Day », une chanson enregistrée au milieu des années quatre-vingt-dix, constitue une sorte de post-scriptum à un album publié en 1997, *Flaming Pie*, qu'on peut considérer comme le premier classique de sa période tardive.

Avant de l'enregistrer, Paul McCartney s'était replongé dans l'œuvre des Beatles. En compagnie de George Martin, leur superviseur musical historique, il s'était immergé dans la masse de leurs enregistrements passés. Le but était de constituer une Anthologie. *Anthology* est d'ailleurs le titre de ces trois volumes de deux CD chacun, publiés entre 1995 et 1997. Ils ont rassemblé des maquettes, enregistrements rares, chansons écartées et aussi versions différentes de titres connus, bref toutes sortes d'archives laissées par les Beatles, depuis leurs débuts jusqu'à leurs adieux. On avait pu y découvrir, avant les derniers développements de l'intelligence artificielle, deux « nouvelles » chansons des Beatles, « Free As a Bird » et « Real Love », réalisées chacune à partir de maquettes enregistrées sur cassette par John Lennon. On était parvenu grâce à de savants procédés à extraire artificiellement sa voix de l'accompagnement d'origine, rudimentaire, pour permettre aux trois Beatles survivants de plaquer par-dessus leurs voix et d'appliquer aussi une orchestration nouvelle. George Harrison était encore vivant. Un de ses proches, l'Anglais Jeff Lynne, l'homme du groupe Electric Light Orchestra, avait supervisé cette étrange opération chirurgicale.

Au milieu des années quatre-vingt-dix, à cinquante ans passés, Paul McCartney se penchait à nouveau sur l'œuvre des Beatles comme si celle-ci lui était étrangère, la redécouvrant en tout cas d'une oreille neuve. Peut-être cette expérience l'a-t-elle orienté, dans le choix de ses sons et de son style, vers le retour à un certain classicisme, l'encourageant même à se mesurer, au cours de cette nouvelle période de sa vie, à ce que les Beatles avaient créé

DE HAUT EN BAS :
L'ALBUM *FLAMING PIE*,
SORTI EN 1997 CHEZ PARLOPHONE.
LA COMPILATION *ANTHOLOGY 1*, DES BEATLES,
SORTIE EN 1995 CHEZ APPLE.

de meilleur. Dans ce cadre, la présence dans l'album *Flaming Pie* de « Great Day », une sorte de country-blues archaïque, a une résonance particulière. Il s'agit d'une chanson qu'en fait il avait écrite en 1970, juste après la séparation des Beatles. Il l'avait laissée en plan avant de la reprendre, en compagnie de Linda, en 1992. Il s'était enfin résolu à la publier en 1997 pour conclure l'album *Flaming Pie*, comme traversé par une révélation.

Dans son livre *Paroles et Souvenirs de 1956 à aujourd'hui*, Paul McCartney a consacré des pages très révélatrices à « Great Day ». *« Je me morfondais chez moi »*, raconte-t-il en substance, juste après la séparation des Beatles. Un père au chômage. Les enfants s'activent, lui n'a rien de spécial à faire. Et puis soudain, dans ce marasme, une lueur d'espoir apparaît, la lumière de l'enfance. Paul écrit :

> *« Les paroles de la chanson sont comme une comptine pour enfants, un refrain puéril qu'on se répète, sans trop savoir pourquoi, pour se donner du courage :* "When you're wide awake / Say it for goodness sake / It's gonna be a great day" ("Quand t'es bien réveillé / Allez, bon sang, dis-le, s'il te plaît / Ça va être une super-journée.") *[...] La vérité, c'est que j'écris pour les enfants. Peut-être que ça veut dire que je n'ai toujours pas fini de grandir. »*

Voici sans doute ce dont, à cinquante ans passés, Paul McCartney s'est aperçu : que le génie des Beatles était celui de l'enfance. L'âge adulte ne lui avait rien apporté de plus que ce qu'il savait déjà. Il lui a alors semblé vital de renouer avec son enfance, puisque c'est de là que, pour lui et sa musique, venait la lumière.

« Brown Eyed Handsome Man » est une chanson de Chuck Berry que Buddy Holly a rendue célèbre. Paul McCartney s'est amusé à la reprendre à la mode cajun. Il s'agissait là encore pour lui d'un retour à l'adolescence et au héros de sa jeunesse. Cette reprise figure dans un album intitulé *Run Devil Run*, que Paul McCartney a enregistré assez vite après la mort de sa femme Linda en 1998 (des suites d'un cancer du sein, tout comme sa propre mère,

PAUL McCARTNEY
BROWN EYED HANDSOME MAN (1999)

quarante ans auparavant). Durant cette période, McCartney s'était consacré à la composition d'une pièce orchestrale, un long poème symphonique, au thème celtique, centré sur la quête de l'origine du monde. Le London Symphony Orchestra, dirigé par Lawrence Foster, et un chœur de cent vingt chanteurs avaient interprété *Standing Stone*, une œuvre que McCartney, incapable d'écrire la musique, s'était mis au défi de composer, assisté sur son ordinateur par une série de logiciels. *Standing Stone* a été à peine mieux accueilli que son *Liverpool Oratorio* publié 1991, descendu en flammes par les spécialistes de musique classique.

Confronté à l'une des pires choses qui puisse arriver à un homme, perdre la personne qui vous a soutenu, vous a apporté la vie, des enfants, la joie et la liberté, Paul McCartney a vécu, bien sûr, le temps du deuil. Dès qu'il s'est senti la force de chanter à nouveau, il est allé, d'instinct, vers la lumière et la joie de ses premières années de musicien : les reprises de certaines des chansons rock'n'roll, blues et country américaines, interprétées par Elvis, Carl Perkins, et les autres, qui avaient enflammé les débuts des Beatles. McCartney a invité au studio d'Abbey Road, en 1999, deux guitaristes exceptionnels : David Gilmour de Pink Floyd (qui avait encore l'habitude, au début des années quatre-vingts, de jouer le week-end des reprises de rock'n'roll dans un pub à Londres, pour lui et ses potes) et Mick Green, leader d'un excellent groupe de rock'n'roll anglais, les Pirates. Depuis, Paul McCartney n'a jamais lâché ces sons âpres propres à ses débuts, il y a toujours puisé la source de son énergie, sa vraie fontaine de jouvence. ◆

L'ALBUM *RUN DEVIL RUN*,
SORTI EN 1999 CHEZ PARLOPHONE.

CHAPITRE 7

RETOUR À LA NATURE, LE CÔTÉ FOLK

De « Blackbird » à « Jenny Wren », Paul McCartney a su capter, loin du rock'n'roll, des mélodies remontées d'un temps immémorial, nous reconnectant à l'émerveillement de l'enfance.

UN DÉPLOIEMENT DE SIGNIFICATIONS INFINIES

THE BEATLES
BLACKBIRD
(1968)

Quand j'étais enfant, là où j'ai grandi, dans un hameau de la vallée de Chevreuse, on entendait parfois des oiseaux chanter la nuit. Pas seulement des oiseaux de nuit. Il arrivait qu'en pleine nuit surgisse un chant solitaire, un son qui pouvait avoir quelque chose de poignant. J'imaginais que cet oiseau était seul, orphelin, perdu quelque part dans les bois. Cette image m'apparaissait quand j'écoutais « Blackbird » des Beatles, *« blackbird singing in the dead of night »*, un merle chantant au cœur de la nuit, croyais-je. Il existait, imaginais-je, un grand enfant ressentant la même chose que moi, quelque part en Angleterre, une île, un pays féerique à mes yeux et dont je ne connaissais rien. Il faisait partie des Beatles et chantait dans une langue que je ne comprenais pas, ou à peine. Il était doté

PAUL, SA FEMME LINDA ET SON CHIEN RINGO, À CAMPBELLTOWN, EN 1971. © MIRRORPIX / BRIDGEMAN IMAGES d'un pouvoir magique : faire de la musique. Une sorte de super-enfant, en somme. « Blackbird » est une des chansons les plus populaires des Beatles. Je me rappelle l'avoir découverte et aimée, à l'âge de dix ans. Elle figurait sur la seconde face du premier des deux albums du *Double Blanc*, que j'ai eu la chance de découvrir dès sa sortie, en novembre 1968. « Blackbird » arrivait juste après « I'm So Tired » de Lennon, une chanson qui évoquait tout l'inverse : l'abattement, le désespoir, des états que je pouvais ressentir, déjà, fortement. Lennon vous chuchotait à l'oreille que lui aussi, parfois, se sentait découragé, comme écrasé par la vie. Et puis arrivait « Blackbird », une chanson qui, comme par enchantement, dissipait ces nuages sombres. Elle me faisait un bien inexplicable. En fait, comme beaucoup d'auditeurs des Beatles, enfants ou non, petits et grands, je me suis raconté mon histoire en écoutant « Blackbird », très éloignée, comme je l'ai découvert, de la source de cette chanson.

En réalité, il existe deux sources à « Blackbird » : une historique et une autre, lexicale, qu'on ne peut pas deviner et qui justifie son titre. La première est directement liée à l'actualité de l'année 1968 : les émeutes raciales aux États-Unis et en particulier l'assassinat du pasteur Martin Luther King. Paul McCartney a imaginé une femme noire américaine, anonyme, en proie au désespoir. Elle a des *« broken wings »*, des ailes froissées, et des *« sunken eyes »*, des yeux creusés à force d'avoir pleuré : des images qui représentent ses espoirs brisés. Dans sa chanson, Paul dit naïvement à cette femme qu'il ne faut pas perdre espoir, qu'on peut réapprendre à voler, même avec des ailes brisées. Et puis il y a un jeu de mots. N'importe quel dictionnaire vous apprend que *« blackbird »* signifie merle. Néanmoins, raconte Paul McCartney, c'est également la façon familière dont, à Liverpool, on désignait une *« black girl »*. Paul rappelle que Liverpool était un ancien port négrier, comme Nantes, et qu'elle est la ville d'Angleterre qui abrite la plus importante communauté antillaise. Il y a croisé beaucoup de ces Blackbirds. Enfin, il y a la source musicale, la célèbre intro jouée à la guitare. Une pièce de Bach bien connue pour luth dont, écrit Paul, *« je n'ai jamais retenu le nom »*. Et d'ajouter : *« Une partie de sa structure m'intéressait parce qu'on y entend un rapport harmonique particulier entre la mélodie et la ligne de basse. J'avais essayé de l'apprendre pour frimer mais George Harrison la jouait mieux que moi. »*

« Blackbird » est un bon exemple de l'élan qui, en général, pousse McCartney à écrire une chanson. Il l'a parfaitement résumé dans une formule qui figure dans « Hey Jude » : *« Take a sad song and make it better »* (*« Prends une chanson triste et améliore-la »*). « Blackbird », précise Paul McCartney, est une des chansons qui lui a valu le plus de témoignages de gratitude. *« Là est la plus grande joie, pour moi, d'avoir été un musicien et d'avoir fait partie des Beatles : quand je reçois ces lettres et que je découvre que j'ai vraiment aidé les gens. »*

ENFANCE ET SIMPLICITÉ

THE BEATLES
MOTHER NATURE'S SON (1968)

Un des fils que je tire le plus souvent au cours de cette série radiophonique est celui de l'enfance. L'enfance est cet âge qui vous poursuit jusqu'à la fin de votre vie, celui des plus grandes joies et des plus grands chagrins aussi. Une des plus belles chansons que Paul McCartney a pu consacrer à son enfance s'appelle « Mother Nature's Son » (« Fils de Mère Nature »). Elle figure, tout comme « Blackbird », dans le célèbre *Double Blanc* des Beatles. McCartney nous dit qu'elle lui a été inspirée par une conférence du fameux Maharishi Mahesh Yogi, que les Beatles au complet étaient allés visiter dans son ashram du nord de l'Inde au début de l'année 1968. Se trouvaient là aussi le chanteur Donovan ainsi que Mike Love des Beach Boys. Le Maharishi avait donné un matin une conférence sur l'importance de notre lien avec la nature. Il est certain que ses propos ont résonné en profondeur chez McCartney. C'est durant cette période qu'est née chez beaucoup de jeunes gens la prise de conscience que la nature avait été trop exploitée et souillée par les humains et que le moment était venu de la sauver et de la protéger. Paul raconte qu'il a achevé cette chanson, commencée en Inde, alors qu'il rendait visite à son père à Liverpool. Ses souvenirs d'enfance lui sont revenus. Enfant, il habitait aux limites de la ville, près des chantiers et des terrains vagues. Il lui suffisait de marcher une demi-heure pour se retrouver en pleine campagne au milieu des bois, là où coulent les ruisseaux :

> *« Souvent je partais marcher dans les bois, fabriquer un barrage dans un ruisseau, grimper aux arbres, flâner dans les champs, où je me faisais courser par les agriculteurs. J'avais le privilège et l'immense joie de pouvoir contempler le vol d'une alouette. En plein milieu des champs, un oiseau monte dans le ciel, à la verticale, en chantant à tue-tête : il va tout en haut de cette immense colonne d'air et puis, là, il arrête de chanter et se laisse tomber. C'est sa stratégie pour nous éloigner de son nid, en voletant, de-ci de-là. "Mother Nature's Son" est une chanson d'amour pour la nature. »*

Il reste à préciser que John Lennon a contribué à une partie des paroles, sans doute celle où il est question d'un *« field of grass »* (un champ d'herbe). Le double sens est, évidemment, manifeste.

THE BEATLES
I WILL
(1968)

On perçoit comme une vibration brésilienne dans « I Will », presque une bossa nova. Comme « Mother Nature's Son », cette chanson figure dans le *Double Blanc* des Beatles. « I Will » reste, aujourd'hui, parmi toutes celles qu'il a composées, une des mélodies préférées de Paul McCartney ; une des plus concises aussi, puisqu'elle tient en une minute quarante-cinq. Comme un artisan qui prend du recul et examine son travail, McCartney se dit : tiens, là, j'ai vraiment réussi quelque chose, de mystérieusement simple, si l'on peut dire. Paul McCartney se trouvait dans l'ashram de Rishikesh, et après la séance de méditation matinale, il lui arrivait parfois de travailler à des chansons. L'air de « I Will » lui trottait dans la tête. Il a d'abord joué à Donovan cet *« air de troubadour »*, comme il le dit. Cependant il était insatisfait des paroles, qu'il jugeait plates et banales. Il en a ainsi trouvé d'autres, qu'on peut juger également plates et banales : *« Who knows how much I love you / You know I love you still / Will I wait a lonely lifetime / If you want me to, I will »* (*« Qui sait depuis quand je*

EN MÉDITATION, LE 25 AOÛT 1967. © SSPL / MANCHESTER DAILY EXPRESS / UIG / BRIDGEMAN IMAGES

t'aime / Tu sais que je t'aime encore / Attendrai-je dans la solitude toute ma vie durant / Si c'est ce que tu veux alors je le ferai »). On peut y entendre la variante d'une antique chanson française, « À la Claire fontaine » (*« Il y a longtemps que je t'aime, jamais je ne t'oublierai »*, etc.) Quand il revient sur cette chanson dans son livre *Paroles et souvenirs de 1956 à aujourd'hui*, Paul McCartney ressent, d'une certaine façon, le besoin de se justifier. Il n'a pas pu s'empêcher de réagir face à certaines remarques, condescendantes et dédaigneuses à son égard :

> *« Selon une certaine théorie, pour qu'une chanson d'amour soit intéressante, il faut qu'elle tourne mal. Je ne suis pas d'accord. "I Will" célèbre les joies de l'amour. On peut juger ça sentimental, fade, voire sirupeux, c'est un point de vue que je comprends. Sauf que l'amour, c'est une des forces les plus puissantes sur Terre. Une force intense, universelle, qui est tout sauf mièvre. »*

Peut-être certains confondent-ils mièvrerie (voire niaiserie) et simplicité. Cela se comprend. Dans le langage courant, quand on veut dire que quelqu'un est un peu limité, il est fréquent de dire qu'il ou elle est un peu simple, d'où ce glissement de sens qui a souvent affecté Paul McCartney. À propos de simplicité, je ne peux m'empêcher d'évoquer un souvenir personnel. Lors d'une interview que j'ai faite en 1992 de Brian Wilson, le compositeur et arrangeur des chansons des Beach Boys, celui-ci s'est mis à me parler de Jean-Sébastien Bach. *« Bach*, s'est-il soudain exclamé, *était un génie de la simplicité ! »* Cette formule m'a marqué. Bach est un compositeur qu'on avait accusé, en son temps, d'être banal, voire trivial, de mélanger le sacré et le profane, le sérieux et le loufoque, l'enfantin et l'adulte. Comme Brian Wilson, Paul McCartney est sans doute lui aussi un génie de la simplicité. Il n'a jamais censuré en lui l'enfant un peu simple, sans doute, qu'il a été et que nous avons tous été.

WINGS
VENUS AND MARS
(1975)

« Venus and Mars » est une mélodie qui a donné son nom à un album de Wings sorti en 1975. Elle a, de fait, cette lumière éclatante propre à certaines pièces de Bach. Cette chanson très brève servait d'entrée en matière à « Rock Show », qui célébrait le bonheur d'assister à un concert de rock. On y entend un écho de cathédrale et c'est sans doute une des mélodies les plus limpides de Paul McCartney.

LA NOSTALGIE DU PAYS NATAL

WINGS
MULL OF KINTYRE
(1977)

La mélodie folklorique intitulée « Mull of Kintyre », qui a toutes les apparences d'un vieil air traditionnel remontant à la nuit des temps, constitue le plus grand succès de Paul McCartney après les Beatles. Sortie en 45 tours (single) à la fin de l'année 1977 et signée par son groupe Wings, elle est restée plus de deux mois au numéro 1 au Royaume-Uni. J'avoue qu'elle me rendait alors fou, j'avais même envie de tuer quand je l'entendais. Le jeune fanatique punk et new wave en lequel je m'étais métamorphosé ne supportait pas ces cornemuses qui surgissaient dès qu'on essayait de capter

LE SINGLE « VENUS AND MARS / ROCK SHOW », SORTI EN 1976 CHEZ CAPITOL AUX ÉTATS-UNIS.

LE SINGLE « MULL OF KINTYRE / GIRLS' SCHOOL », SORTI EN 1977 CHEZ CAPITOL AUX ÉTATS-UNIS.

les ondes d'une radio britannique. Je ne jurais alors que par les Sex Pistols, The Clash, les Buzzcocks, Devo, Elvis Costello, tous ces iconoclastes qui disaient merde, voire pire, à ces idoles des années soixante qui nous avaient longtemps écrasés de leur génie et qui, estimait-on, avaient très mal tourné. Paul McCartney, comme les Rolling Stones, Pink Floyd, Led Zeppelin et autres Genesis se faisaient dégommer semaine après semaine dans ma bible hebdomadaire, *New Musical Express*. Certains, comme Pete Townshend et les Who, avaient essayé de faire amis avec les punks. Paul McCartney s'était fait une nouvelle coupe de cheveux et nouait une cravate fine noire, desserrée, au petit nœud. Je trouvais ça pathétique.

Mull of Kintyre est le nom d'un promontoire situé à l'extrémité d'une péninsule, dans l'ouest de l'Écosse, non loin de la côte d'Irlande du nord. Paul McCartney pouvait le contempler depuis sa petite ferme située non loin de Campbeltown, le village dont était originaire le groupe de joueurs de cornemuse qu'il avait fait venir chez lui pour enregistrer cet air. À la fin des années soixante, le retour à la nature était à la mode. Bob Dylan et sa famille s'étaient installés au milieu des bois, sur les hauteurs, au-dessus du village de Woodstock, non loin de New York, et toute une communauté de musiciens et d'artistes, pas mal de New-Yorkais, notamment, avaient eux aussi fui la ville. En 1969, Linda s'était émerveillée lorsqu'elle avait visité pour la première fois la petite ferme écossaise que Paul McCartney avait pu acquérir au milieu des années soixante et dont il ne s'était jamais vraiment occupé. Pour elle, il était merveilleux d'être ainsi au cœur d'une nature immémoriale, *« au bout de nulle part, loin des hôtels et des*

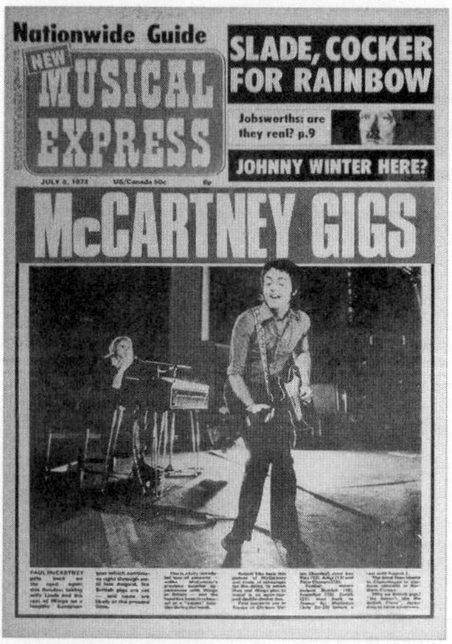
Nationwide Guide
NEW MUSICAL EXPRESS
SLADE, COCKER FOR RAINBOW
Jobsworths: are they real? p.9
JOHNNY WINTER HERE?
McCARTNEY GIGS

McCARTNEY EN COUVERTURE
DU *NEW MUSICAL EXPRESS*, LE 3 JUILLET 1972.

limousines ». C'est là qu'elle, sa fille Heather, issue d'un premier mariage, et le bébé qu'elle venait d'avoir avec Paul, Mary, se sont installés au cours de l'année 1970, après la séparation des Beatles. Durant cette période, Paul McCartney, traversé, après la fin des Beatles, par un sentiment d'inutilité, s'est quelque temps morfondu. Il raconte qu'il restait au lit et commençait à boire un verre, voire plusieurs, dès le réveil. Dans cette fermette, Paul et Linda ont mené une vie simple, retapant les bâtiments, élevant des animaux et s'occupant de leurs cultures. Paul avait aussi équipé un petit bâtiment en studio d'enregistrement et c'est en travaillant à ses chansons, accompagné par Linda, excellente chanteuse et pianiste amateur, que Paul a ressenti l'envie de créer un nouveau groupe, qu'il a appelé Wings. Il a alors souhaité redonner des concerts, ce que les Beatles avaient renoncé à faire dès l'année 1966. Ainsi, au milieu des années soixante-dix, Paul et Linda passaient pas mal de temps en Écosse avec leurs enfants. Comme à tout Anglais, il arrivait à Paul McCartney de rêver des origines celtiques de son pays, d'autant que ses racines irlandaises venaient toujours se rappeler à lui :

> *« J'aimais ces vieux airs sublimes joués par des groupes folkloriques. Ils étaient tous très anciens, et je constatais une pénurie de chansons écossaises récentes (...). Une nouvelle chanson écossaise écrite par un Sassenack, comme disent les Écossais, voilà qui promettait d'être drôle. »*

Il a été drôle, en effet, de voir quatorze joueurs de cornemuse débarquer chez lui et jouer dans son jardinet. « Mull of Kintyre » est une chanson qui fait vibrer une corde universelle, celle de la nostalgie du pays natal. Les expatriés écossais et irlandais ont tous une larme à l'œil quand ils l'entendent, et pas toujours ceux que l'on attend. Un épisode raconté par McCartney en dit long sur l'impact de cette chanson, sortie en pleine période punk. Lui et Linda étaient coincés dans un embouteillage à Londres, dans le West End. Une bande de punks, l'air menaçant, les a repérés. Paul et Linda ont essayé, en vain, de se faire tout petits. L'un de ces punks s'est approché de la voiture. McCartney a dû baisser la vitre et le garçon s'est exclamé, avec un puissant accent cockney : *« Eh, Paul, "Mull of Kintyre", quelle tuerie, putain ! »*

RACINES MUSICALES ET FAMILIALES, VOIRE AMICALES

PAUL
McCARTNEY
PUT IT THERE
(1989)

« Put It There » est une de ces chansons relativement simples, en cinq accords, qui semblent venir si aisément à Paul McCartney. Cette chanson, qui a la légèreté d'une brise, figure dans un album publié en 1989, *Flowers in the Dirt*, qui avait amorcé pour lui un retour à ses racines, confirmé par la suite. « Put It There », explique Paul, est une expression qu'employait son père quand il serrait la main de quelqu'un pour l'accueillir chez lui : *« Put it there if it weighs a ton »* (*« Mets-la là si elle pèse une tonne »*). C'est une de ces formules loufoques, parfois déconcertantes, qui peuvent caractériser l'emploi de la langue anglaise par les Irlandais. McCartney évoque d'autres expressions à l'humour absurde, et au sens énigmatique, qu'employait son père, comme : *« Il y a pas de poils sur le poitrail d'un goéland. »* Paul adorait son père, Jim. Après avoir perdu son épouse, Mary, en 1956, celui-ci avait dû l'élever seul avec son jeune frère Michael. L'idée de se décharger d'un fardeau, de quelque chose qui vous pèse tout au long d'une vie, est bien sûr universelle. Aujourd'hui, quand il repense à cette chanson, Paul McCartney se demande s'il n'exprimait pas inconsciemment le désir de se défaire d'un poids particulier : celui de ne pas avoir fait complètement la paix avec son ami et complice John Lennon, mort assassiné huit ans auparavant. *« If there's a fight, I'd like to fix it / I hate to see things go so wrong »* (*« S'il y a une dispute, j'aimerais la régler / Je déteste voir les choses tourner aussi mal »*), dit la chanson.

Paul a consacré à John une de ses plus belles chansons, « Here Today ». Elle figure dans un album qu'on a quelque peu oublié, *Tug of War*, paru en 1982, sauf pour la chanson qui le conclut, « Ebony and Ivory », un duo avec Stevie Wonder qu'on entendait partout. Lors de sa tournée mondiale de 2022, Paul McCartney la chantait, seul à la guitare folk, juste après « Blackbird ». Il était difficile de ne pas avoir la larme à l'œil quand il l'interprétait. Paul avait ces paroles très directes :

DE HAUT EN BAS :
L'ALBUM *TUG OF WAR*,
SORTI EN 1982 CHEZ PARLOPHONE.
LE SINGLE « PUT IT THERE »,
SORTI EN 1990 CHEZ PARLOPHONE.

PAUL McCARTNEY
HERE TODAY (1982)
CALICO SKIES (1997)

> *« And if I said I really knew you well / What would your answer be / If you were here today / Well, knowing you, you'd probably laugh / And say that we were worlds apart / Here today / But as for me / I still remember how it was before / And I am holding back the tears no more / Oh, I love you »* (*« Et si je disais que je te connaissais vraiment bien / Tu répondrais quoi / Si tu étais là aujourd'hui ? / Tel que je te connais, tu te mettrais à rigoler / Et tu me dirais qu'on ne vivait pas sur la même planète / Mais moi / Je me rappelle encore comment c'était avant / Et je ne retiens plus mes larmes / Je t'aime »*).

Ce sont des paroles qu'il faut assumer face à des dizaines de milliers de personnes. McCartney a toujours eu à cœur de souligner que derrière la façade ricanante et grinçante de son ami John Lennon, la tendresse apparaissait vite. Quand les choses se tendaient, John baissait ses lunettes et prenait un air doux, histoire de dire : bon, c'est pas si grave. Dans cette chanson, Paul McCartney brise deux tabous propres aux hommes de sa génération : les hommes ne pleurent pas et ils ne se disent pas qu'ils s'aiment. *« What about the night we cried? »*, (*« Et cette nuit où on a pleuré, tu te rappelles ? »*), demande-t-il à son ami, disparu. Il s'agit d'une allusion à un souvenir précis. Lors de la toute première tournée américaine des Beatles, une tornade s'était abattue sur la Floride. Les deux amis avaient dû rester confinés pendant des jours dans leur chambre de motel. Paul se souvient que John et lui se sont saoulés et se sont dit à quel point ils s'aimaient.

« Calico Skies » est une chanson d'amour d'un autre genre : heureux. Elle figure dans *Flaming Pie*, un album paru en 1997 et qui compte parmi les meilleurs de Paul McCartney. En français, on parlerait plutôt de ciels bigarrés. La chanson se termine par une proclamation antimilitariste, typique

DANS SA FERME PRÈS DE RYE, DANS LE SUSSEX, LE 1ER JANVIER 1980. © KEYSTONE / ZUMA / BRIDGEMAN IMAGES

de cette génération de « boomers » qui ont grandi à l'ombre d'une guerre récente et atroce, dans des paysages souvent dévastés, et qui n'en croyaient pas leur chance qu'on ait supprimé le service militaire. Au Royaume-Uni, celui-ci durait dix-huit mois. Paul McCartney rappelle que si on ne l'avait pas supprimé en 1960, les Beatles n'auraient jamais existé.

DES CHANSONS INTEMPORELLES PROVENANT D'UN INCONSCIENT COLLECTIF ANCESTRAL

PAUL McCARTNEY
LITTLE WILLOW
(1997)

« Little Willow » est une merveille modeste, cachée elle aussi dans *Flaming Pie*, un album que Paul McCartney avait réalisé en collaboration avec Jeff Lynne d'Electric Light Orchestra. On y entend des paroles de consolation, qu'on pourrait adresser à un enfant, à quelqu'un de fragile, en tout cas, comme un petit saule pleureur perdu dans la nuit, ballotté par les rafales : *« Wind's gonna blow you / Hard and cold tonight / Life, as it happens / Nobody warns you / Willow, hold on tight »* (*« Le vent va souffler sur toi / Fort et froid ce soir / C'est comme ça, la vie / Personne ne te prévient / Tiens bon, petit saule »*). Paul McCartney a écrit cette chanson en 1994 après avoir rendu visite à l'hôpital à Maureen, la première femme de Ringo Starr, qui allait mourir quelques jours plus tard. Il a pensé aux enfants de celle-ci, qui étaient grands déjà.

Nombre de chansons écrites et interprétées par Paul McCartney semblent étrangères aux modes musicales de son temps. Leur lexique a quelque chose d'intemporel et elles semblent souvent inscrites dans une sorte d'inconscient collectif ancestral. J'ai commencé par « Blackbird », une chanson signée par les Beatles en 1968. Il en est une autre, plus tardive, qui porte le nom d'un oiseau, « Jenny Wren », l'une des plus belles de Paul McCartney en solo. Elle figure dans un très bel album, *Chaos and Creation in the Backyard*, publié en 2005, grâce auquel beaucoup, après l'avoir

PAUL
McCARTNEY
JENNY WREN
(2005)

perdu de vue, ont renoué avec Paul McCartney. Comme « Blackbird », « Jenny Wren » n'a pas un sens univoque. Jenny Wren est le nom que Charles Dickens a donné au personnage d'une très jeune femme infirme dans son ultime roman, *Our Mutual Friend* (*L'Ami commun*). C'est aussi le nom générique d'un oiseau qui porte un drôle de nom en français : le troglodyte mignon. Paul McCartney aime rappeler que quand, enfant, il s'enfonçait dans les champs et les bois, il emportait avec lui un petit manuel qui lui permettait de distinguer les différents oiseaux. Jenny Wren n'est cependant pas qu'un oiseau ou le nom d'un personnage de roman. Elle devient, dans la chanson, une sorte de conscience innocente, celle d'un enfant qui voit le monde se gâter, tourner le dos à l'amour, plonger dans la guerre et se noyer. Bien sûr, frémit, comme une brise hésitante, le doux optimisme de Paul McCartney : *« But the day will come, Jenny Wren will sing / When this broken world mends its foolish ways »* (*« Mais le jour viendra, Jenny Wren chantera / Quand ce monde détruit renoncera à ses folies »*). Comme pour « Blackbird », il a trouvé la mélodie à partir d'une simple ligne de guitare et non d'une suite d'accords. Celle-ci est rehaussée par un très beau solo de trompette klezmer.

Dans « Early Days », qui remonte à l'année 2013, la voix de Paul McCartney est un peu fragile. Il est alors âgé de soixante et onze ans. Quand il monte dans les aigus, comme il l'admet lui-même, c'est un peu rauque. Paul McCartney souhaitait simplement jouer cette chanson à la guitare pour celui qui supervisait l'enregistrement de son album, le jeune Ethan Johns qui n'est autre que le fils de Glyn Johns, l'ingénieur du son des Beatles pour l'album avorté *Get Back*. En perfectionniste qu'il est, Paul voulait refaire sa voix mais Ethan Johns lui a dit : *« non, au contraire, ne change rien, il faut qu'on sente ta fragilité. »* « Early Days » (« Les Premiers Jours ») évoque un vieil album de photos qu'on feuillette, présentant des images en noir et blanc des Beatles à leurs débuts, à Liverpool. On les voit, John et lui, une guitare dans le dos, habillés tout en noir, dans la rue, les cheveux lissés en arrière au moyen d'une pâte qu'on appelait « gomina », l'ancêtre du gel.

DE HAUT EN BAS :
L'ALBUM *EGYPT STATION*,
SORTI EN 2018 CHEZ PARLOPHONE.
LE SINGLE « JENNY WREN / I WANT YOU TO FLY »,
SORTI EN 2005 CHEZ PARLOPHONE.

Une autre vue nous montre le magasin de disques local. Paul McCartney se moque gentiment des obsédés des Beatles qui collectionnent les détails et les histoires, pensant savoir tout sur tout. Paul leur dit en somme : *« les gars, vous pouvez me raconter ce que vous voulez sur comment ça s'est vraiment passé, savoir des trucs que j'ai complètement oubliés, moi, j'y étais, et pas vous. »*

PAUL
McCARTNEY
EARLY DAYS
(2013)
HAPPY WITH YOU
(2018)

« Happy with You » est extraite de l'avant-dernier album de Paul McCartney, *Egypt Station*, paru en 2018. C'est la chanson d'un homme assagi par le temps qui célèbre la simple joie de regarder la vie s'écouler autour de lui, jouissant du bonheur d'observer les spectacles les plus insignifiants, comme entendre un oiseau chanter, voir des enfants jouer. Un homme de soixante-seize ans qui est, à sa façon, lui aussi un enfant. Mais Paul McCartney a-t-il jamais cessé de l'être ? ◆

PAGES SUIVANTES : **DÉTENDU LORS D'UNE INTERVIEW AVEC DONALD ZEC, JOURNALISTE DU *DAILY MIRROR*, DANS SON APPARTEMENT LONDONIEN DE MAITLAND COURT, LANCASTER TERRACE, LE 9 SEPTEMBRE 1963.** © MIRRORPIX / BRIDGEMAN IMAGES

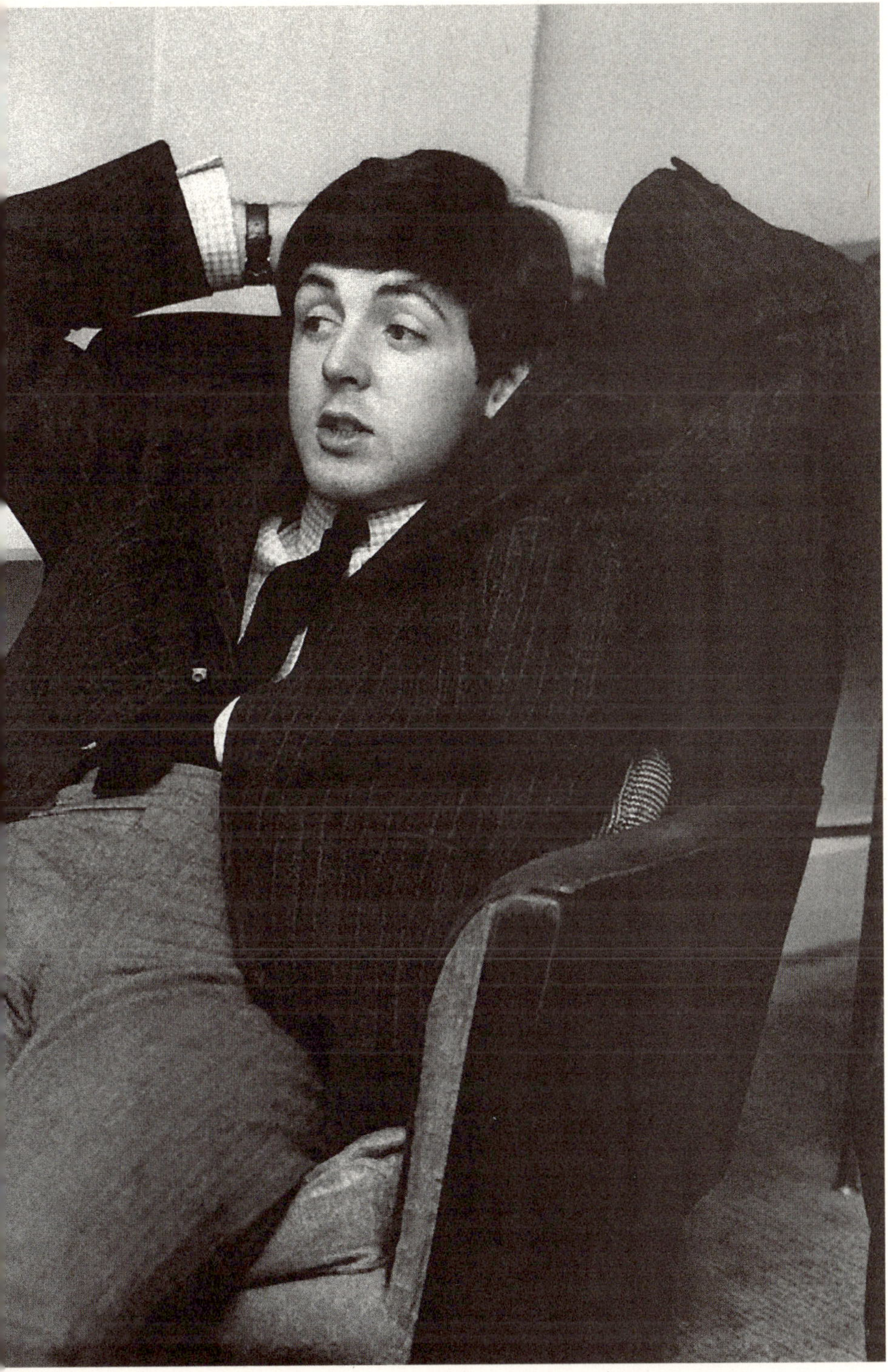

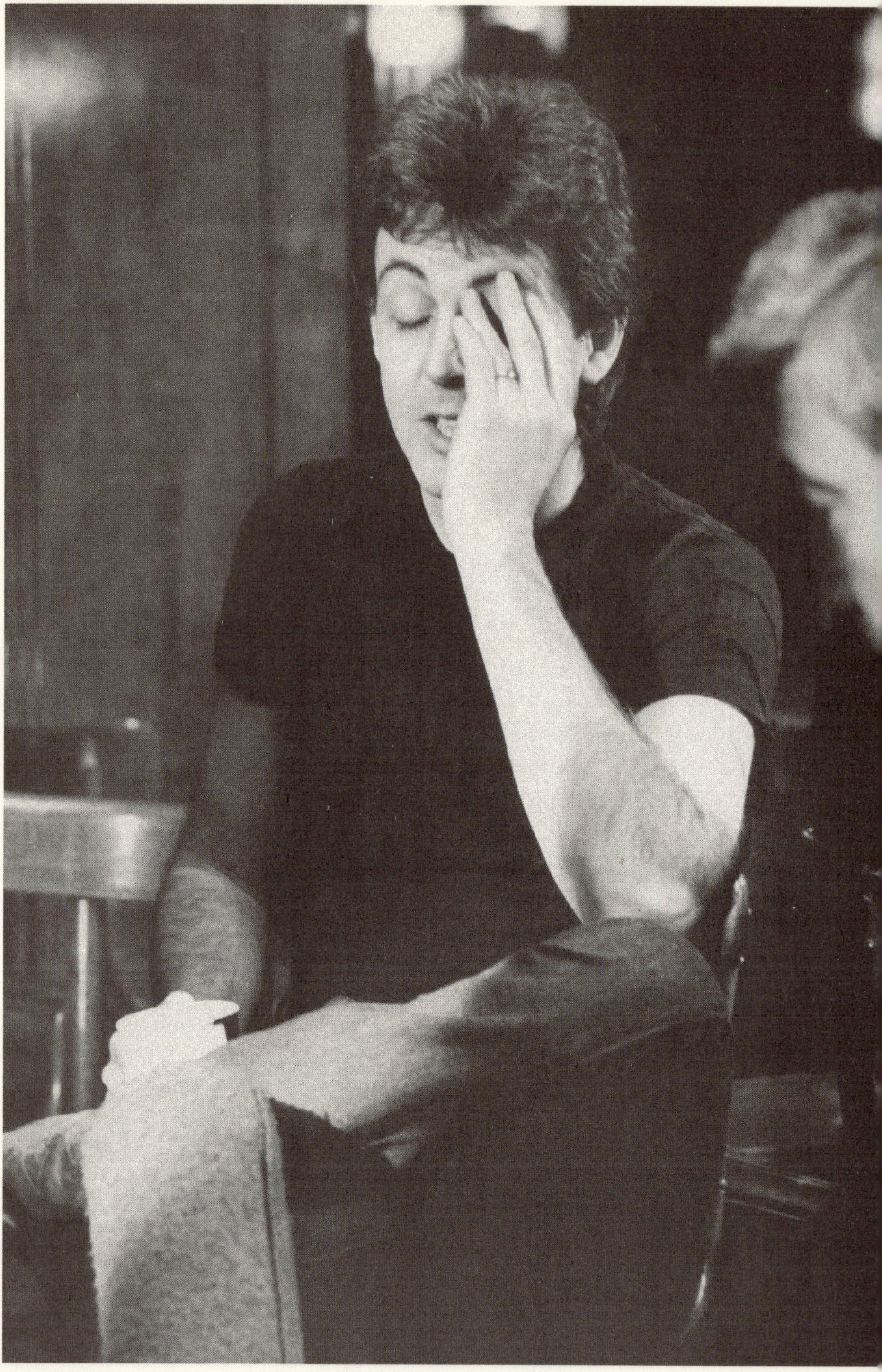

CHAPITRE 8

EN TOUTE INTIMITÉ

Cet expérimentateur précoce a été le pionnier de l'enregistrement à domicile et du « home studio », au carrefour de la musique populaire et de l'avant-garde.

APPLE ET LA PROPAGATION DE L'ART D'AVANT-GARDE DANS LE MILIEU DE L'UNDERGROUND

THE BEATLES
HEY JUDE
(1968)

« Hey Jude » a fait le tour du monde. Plus d'un demi-siècle après sa création, c'est une des chansons des Beatles que le grand public apprécie le plus. Paul McCartney l'a chantée pour la cérémonie de clôture des Jeux Olympiques de Londres, en 2012, et, à chaque concert, c'est sans doute celle dont les premières mesures au piano déclenchent une euphorie collective. « Hey Jude » est à 100% l'œuvre de Paul McCartney. Il a raconté sa genèse bien des fois. Il l'avait initialement adressée à Julian, le fils de John Lennon. Ce dernier, peu de temps après avoir rencontré Yoko Ono, avait divorcé de sa femme Cynthia, lui laissant la garde de leur petit garçon, alors âgé de cinq ans, que Paul appelait familièrement Jules. Il tenait à le réconforter en lui disant simplement : *« Hey Jules, take a sad song and make it better / Remember to let her into your heart / Then you can start to make*

BACKSTAGE **AU ROYAL COURT DE LIVERPOOL, EN 1979. © MIRRORPIX / BRIDGEMAN IMAGES**

it better » (*« Hey Jules, Prends une chanson triste et rends-la meilleure / Souviens-toi qu'il faut la laisser entrer dans ton cœur et après seulement tu pourras la rendre meilleure »*). Ensuite, dans un de ces glissements dont McCartney est coutumier, la chanson a pris une autre ampleur. Jules est devenu Jude, un personnage imaginaire.

Chacun pouvait y entendre ce qu'il voulait. John Lennon lui-même imaginait qu'en vérité Paul s'adressait à lui personnellement en chantant *« You have found her, now go and get her »* (*« Tu l'as trouvée, maintenant, prends-la »*), comme si Paul l'encourageait à rejoindre Yoko. Telle est la force, bien sûr, d'une chanson populaire exceptionnellement réussie : chacun croit y entendre un message personnel. Dans « Hey Jude », une formule simple que chacun comprend instinctivement, *« Don't carry the world upon your shoulder »* (*« Ne porte pas le monde sur tes épaules »*), est suivie d'une autre, plus énigmatique : *« The movement you need is on your shoulder »* (*« L'énergie qu'il te faut, prends-la sur tes épaules »*). On croirait le conseil d'un coach sportif ou d'un professeur de yoga. Quand il a chanté ce passage à John Lennon, McCartney lui a dit : *« Ça, c'est pas terrible, je vais trouver mieux. »* Lennon lui a répondu, du tac au tac : *« Non, non, au contraire, c'est le meilleur passage de la chanson. » « Typique*, commentera Paul, *de la façon dont je travaillais avec John. »* À la fin de « Hey Jude » se déploie une phrase de chant choral, à l'unisson, qui se répète à l'infini, noyant presque les réponses, comme improvisées, de Paul McCartney, en transe, hurlant une espèce de gospel païen.

Je me rappelle, enfant, la sortie de « Hey Jude » à la fin des grandes vacances de 1968, un événement qui marquait le grand retour des Beatles. Sortir en 45 tours (single) une chanson longue de plus de sept minutes, il n'y avait qu'eux pour se le permettre. Les amoureux du groupe étaient très divisés. Certains estimaient que cette seconde partie, c'était n'importe quoi. D'autres, au contraire, que justement, cette improvisation sauvage rendait la chanson géniale. La sortie de « Hey Jude » fut également liée à un autre événement d'une importance fondamentale dans la vie des Beatles : le lancement de leur propre entreprise, Apple, des années, bien sûr, avant la création de la fameuse multinationale homonyme, basée en Californie. Apple, en 1968, à Londres,

DE HAUT EN BAS :
LA COMPILATION *HEY JUDE (THE BEATLES AGAIN)*,
SORTIE EN 1970 CHEZ APPLE.
LE SINGLE « HEY JUDE / REVOLUTION »,
SORTI EN 1968 CHEZ ODEON.

était bien plus qu'une compagnie de disques. Outre Apple Records, il existait Apple Music, Apple Films, Apple Publishing et Apple Electronics. La liste était d'ailleurs ouverte à l'infini. En fait, plus qu'une entreprise, Apple fut une utopie, une plateforme rêvée dont le but était de fédérer toutes les initiatives les plus innovantes explosant dans tous les domaines, et dont Londres était alors le vivier naturel. En 1968, Paul McCartney n'a que vingt-six ans. Il est, avec les Beatles, l'un des rois d'un petit royaume comme on n'en a jamais vu, celui d'une jeunesse qui croit qu'elle a la force de renverser un vieux monde adulte en noir et blanc. À l'avant-garde de ce mouvement se trouvent les musiciens de rock les plus aventureux, des poètes beatniks, des artistes et cinéastes expérimentaux, des couturiers visionnaires, des inventeurs scientifiques les plus extravagants et des hippies illuminés les plus farfelus, de toute sorte, qui accouchent chaque jour, d'idées et de projets utopiques, parfois visionnaires et le plus souvent délirants. Dans ce monde se glissent aussi les enfants de millionnaires, les héritiers de grandes fortunes, les jeunes aristocrates de l'ancien monde. On appelle alors ça le monde de l'underground, un tremblement de terre artistique dont Londres est alors l'épicentre. Paul McCartney va s'y révéler un des acteurs les plus enthousiastes et les plus dynamiques. Voici ce que celui-ci déclare en 1967 à son ami et futur biographe Barry Miles, alors un jeune animateur d'une librairie underground. Apple a pour mission, d'*« aider les organisations underground, de collaborer avec elles, de les aider à s'étendre. L'idée consiste à créer une compagnie underground mais à l'air libre, aussi importante qu'une compagnie pétrolière mais sans recherche de profit. »* Et il ajoute ceci, qui peut aujourd'hui sembler étrange : *« Les profits iront d'abord à l'ensemble des employés. Ainsi, tous ceux qui ont besoin d'avoir une Rolls-Royce pourront en*

CI-DESSUS : **LE LOGO DE LA FIRME APPLE, FONDÉE PAR LES BEATLES EN 1968.**
PAGE DE DROITE : **EN STUDIO AVEC MARY HOPKIN ET PETE BRADY, LE 14 JANVIER 1965.**
© KEYSTONE PRESS / ALAMY BANQUE D'IMAGES

avoir une. Ensuite, nous les redistribuerons à tous ceux qui ont besoin d'être aidés. » McCartney parle aussi de *« communisme à l'occidentale »*. Cette idée extrêmement généreuse tournera vite, hélas, au fiasco financier et contribuera, à sa façon, à la séparation des Beatles, vite confrontés à des vols, détournements et escroqueries que, dans leur grande naïveté, ils n'avaient pas imaginés.

THE BEATLES
GOODBYE (DEMO)
(1969)

Il ne faut surtout pas oublier une des plus belles mélodies que McCartney ait écrites durant cette période : la maquette d'une chanson, « Goodbye », qu'il a enregistrée chez lui, à Londres, en février 1969 et qu'il destinait à la chanteuse Mary Hopkin. Celle-ci, lancée par les disques Apple, avait obtenu un immense succès grâce à l'adaptation d'une chanson russe, « Those Were the Days », « Le Temps des fleurs » en France. « Goodbye » est une de ses plus belles réussites.

THE BEATLES
GET BACK
(TAKE 8)
(1970)

Dans le passionnant documentaire *Get Back*, on assiste à un moment magique. Paul McCartney assis sur un tabouret, penché sur sa basse, trouve le riff de « Get Back ». On dirait un sculpteur qui, brusquement, fait émerger une forme à partir d'une masse d'argile indistincte.

Il est fréquent de présenter Paul McCartney comme le gentil et le naïf des Beatles et John Lennon, son frère ennemi, comme le cynique, l'intellectuel torturé se livrant aux expériences les plus avant-gardistes. De tous les préjugés qui courent sur McCartney, peut-être est-ce celui qui l'a le plus blessé. Il le considère en tout cas comme le plus injuste, à en juger par l'insistance qu'il a toujours mise, dans ses nombreuses interviews, à rétablir ce qu'il considère comme la vérité historique. On le constate en particulier dans le livre d'entretiens qu'il a accordés à son ami Barry Miles, *Many Years from Now*. Miles, grande figure du Londres underground, fut son compagnon d'aventure dans ces années-là. Quand il habitait chez les parents de sa fiancée londonienne, Jane Asher, Paul, comme il aime à le rappeler, bricolait sur une paire de magnétophones à bandes qu'on lui avait prêtés :

> *« J'ai commencé à créer des boucles. Ça me prenait plusieurs journées. J'avais un petit pot de colle, je collais les bouts de bandes et j'attendais qu'ils sèchent. Après je faisais tourner la bande et je parvenais, de façon très artisanale, à enregistrer autre chose par-dessus. J'enregistrais des voix, des guitares, des percussions, des sons, je les accélérais, je faisais enregistrer mes transformations par l'autre magnétophone. Parfois les guitares sonnaient comme des cris de goélands, j'élaborais ça comme de petites symphonies. J'insérais ensuite des extraits des danses de cour de l'opéra* Gloriana *de Britten, dans lesquelles on entend de très belles parties de guitare. Au fond, j'étais comme un DJ. »*

Paul avait l'habitude de faire écouter le fruit de ses expérimentations sonores à un groupe d'amis londoniens qui a joué un rôle central dans la propagation de l'art d'avant-garde. Via le frère de sa fiancée Jane, Peter Asher, il avait fait la connaissance d'un brillant intellectuel, John Dunbar, aux origines en partie russes, qui avait étudié l'histoire de l'art à Cambridge. On peut dire de cet homme qu'il a ouvert à Paul les portes d'un monde qui l'a captivé : celui de l'avant-garde artistique, littéraire, picturale et musicale. Il lui a notamment fait écouter le jazz moderne de John Coltrane, Thelonious Monk et Ornette Coleman. Il lui a parlé des écrivains de la Beat Generation, notamment William Burroughs, dont Paul McCartney croiserait la route à Londres. Les expériences sur bandes magnétiques auxquelles se livrait Burroughs, ce qu'il appelait le cut-up, version sonore du cadavre exquis surréaliste, entraient étonnamment en résonance avec les bricolages de Paul McCartney. Grâce à Dunbar, celui-ci a entendu pour la première fois parler d'art conceptuel, de Marcel Duchamp, d'Yves Klein, d'Arman et de Christo. Paul rencontra alors la très jeune femme que John Dunbar s'apprêtait à épouser : Marianne Faithfull, âgée de dix-sept ans, tout juste sortie d'un couvent de Reading et débarquée à Londres, encore pleine d'innocence. Elle avait déclaré à Paul, au grand effroi de celui-ci : « *Je veux expérimenter absolument tout, sans exception.* » Elle a tenu parole.

DES ENREGISTREMENTS À DOMICILE ET LA CRÉATION D'UNE LIBRAIRIE

PAUL McCARTNEY
JUNK
(1970)

« Junk », comme bric-à-brac, est un futur classique qu'on a pu découvrir dans le tout premier album solo qu'ait signé Paul McCartney, intitulé tout simplement *McCartney*, et paru en avril 1970, alors qu'un monde stupéfait apprenait la séparation, définitive et irrévocable, des Beatles. Après une période de réclusion dans sa ferme écossaise, durant laquelle il a souffert, on l'a vu, d'une sévère dépression alcoolisée, Paul McCartney s'était mis à travailler à sa musique dans sa maison londonienne de Cavendish Avenue, située dans le quartier de St John's Wood, près de Regent's Park. Armé d'un magnétophone quatre-pistes, il a enregistré des chansons sur lesquelles il s'accompagnait tout seul, jouant de tous les instruments : guitares, basse, claviers, batterie, et même mellotron, l'ancêtre du sampler. Les collages et boucles sonores que Paul McCartney élaborait sur bande magnétique grâce à sa paire de magnétophones, alors qu'il habitait encore dans la maison des parents de son ex-fiancée Jane Asher, lui avaient bien sûr servi d'apprentissage. Peu de musiciens, en 1970, auraient eu la compétence technique de réaliser un enregistrement de qualité professionnelle chez eux dans une période où le home studio était quelque chose d'inimaginable. « Junk » est une chanson que Paul avait composée en Inde et dont les Beatles avaient d'ailleurs réalisé une maquette (on peut l'entendre dans la réédition, dite augmentée, du *Double Blanc* en 2018). Elle évoque des bricoles d'un autre temps, abandonnées et disposées par un brocanteur sur un terrain vague à côté de sa boutique : une vieille bagnole, un guidon, un tandem. La chanson dit : *«* "Buy, Buy"*, says the sign on the shop window »* (*«* "Achetez, achetez", *dit le signe dans la vitrine »*) et *«* "Why, why?"*, says the junk in the yard »* (*«* "Pourquoi, pourquoi ?"*, demande le bric-à-brac dans le terrain vague »*).

« Junk » apporte un témoignage : celui d'un jeune homme des années soixante ayant connu le monde d'avant la société de consommation, le temps où l'on ne jetait rien et l'on gardait tout, et conserve de l'attendrissement pour les vieilles choses abandonnées. Il existe un autre sens possible, nous dit aujourd'hui McCartney dans son livre *Paroles et souvenirs, de 1956 à aujourd'hui* : *«* "Buy, buy"*, ça peut être aussi le* "bye bye" *d'une personne dans un couple alors que l'autre demande, tristement* "why, why?" (« Pourquoi ? »).

Revenons à la découverte, par Paul McCartney, de cette avant-garde artistique dont Londres était alors un des centres principaux. L'appartement où vivaient John Dunbar et la très jeune Marianne Faithfull, à Lennox Gardens, était situé au cœur de Londres, non loin du grand magasin Harrods et du musée Victoria et Albert. On peut le considérer comme une sorte de plaque tournante. Il représente particulièrement bien cette rencontre entre deux mondes qui, en d'autres temps, ne se seraient pas croisés et auraient, encore moins, pu fusionner. Le manager des Rolling Stones, Andrew Loog

Oldham, à l'origine un assistant de Brian Epstein, avait repéré Marianne Faithfull lors d'une fête. Ébloui par sa beauté, il s'était dit qu'elle était une star naturelle et qu'il fallait la lancer comme chanteuse. Oldham demanda alors à Jagger et Richards de composer une chanson pour elle, évoquant le décor austère du couvent où elle avait fait ses études. Lors de leur première rencontre, Marianne jugea Jagger et Richards sales et vulgaires. Elle changea vite. Deux milieux se côtoyaient dans cette maison de Lennox Gardens. On pourrait même parler de télescopage. Dunbar faisait venir ses amis : beatniks, étudiants en art fauchés, artistes underground. Dans ce milieu, les pétards circulaient mais aussi des drogues plus dures, cocaïne et héroïne. Cependant, autour de la très jeune Marianne gravitaient plutôt des professionnels de l'industrie du disque, agents de relations publiques : un milieu alors plus sage mais qui allait vite se transformer sous l'influence de l'autre, tout comme Paul McCartney, plongé dans un monde qui, pour lui, était entièrement nouveau. Il n'en resterait pas le simple spectateur mais, au contraire, l'un des principaux architectes.

WINGS
WHEN THE WIND IS BLOWING (1971)
BIP BOP (1971)

« When the Wind Is Blowing » est une chanson très délicate que Paul McCartney a composée en été 1969, alors que Linda venait de donner naissance à leur fille Mary. Linda se reposait dans sa chambre, décorée par une affiche qui reproduisait un dessin de Picasso représentant un joueur de guitare. Paul observa la position des doigts et reproduisit l'accord, inhabituel, à deux doigts, et celui-ci lui inspira cette chanson longtemps restée inédite, jusqu'à sa découverte en 2018. Elle figure dans la réédition du premier album signé Wings, *Wild Life*, paru en 1971. Quant à « Bip Bop », c'est une des chansons les plus sommaires que Paul ait jamais écrites et interprétées, une esquisse de rock'n'roll pouvant faire penser au style du groupe T. Rex.

Revenons à cet appartement londonien de Lennox Gardens, où vivent John Dunbar et sa très jeune femme Marianne Faithfull. C'est là que germe un projet qui enthousiasme Paul McCartney : la création d'une librairie

d'un genre nouveau, ouverte à toutes les expériences nouvelles, couplée à une galerie d'art expérimental. Ses trois fondateurs associés sont Barry Miles, le nouvel ami de Paul, Peter Asher, le frère de Jane, lui aussi alors une pop star, moitié du duo Peter and Gordon, et John Dunbar. Les initiales de leurs trois noms forment MAD, et le nouveau lieu qu'ils créent s'appelle Indica. De manière inattendue, Paul met la main à la pâte. Il fabrique des étagères, fait les enduits et la peinture. Il ira jusqu'à dessiner le papier du motif d'emballage des livres pour Indica, le faisant fabriquer et livrer lui-même. Paul participera même au chantier, débarquant en tenue d'ouvrier. Il finira par être reconnu et, pour la poursuite des travaux, on occultera les fenêtres de la librairie-galerie. Miles importe des livres de petites maisons d'édition underground et hippies américaines. Il les entrepose dans le sous-sol de la maison des Asher. Paul puise dans ce stock, remplissant scrupuleusement une fiche, comme un emprunteur dans une bibliothèque municipale. Dans la galerie Indica, John Dunbar fait découvrir des œuvres d'art contem-

LA TEAM INDICA (DE GAUCHE À DROITE) : BARRY MILES, JOHN DUNBAR, MARIANNE FAITHFULL, PETER ASHER ET PAUL McCARTNEY À LA FIN DES ANNÉES 60. © GRAHAM KEEN / TOUS DROITS RÉSERVÉS

porain. Des tas de ciment, présentés comme des œuvres, et toutes sortes de bric-à-brac agglutiné sont offerts à la vente à des prix astronomiques.

Aujourd'hui, tout ça paraît très normal mais à l'époque personne à Londres n'a jamais vu ça. Une première exposition accueille des œuvres d'art cinétique ou *op art* du Groupe de recherche d'art visuel de Paris, de François Morellet et Julio Le Parc, notamment. Une artiste japonaise, une certaine Yoko Ono, membre du groupe d'artistes Fluxus, viendra y présenter en novembre 1966 une exposition intitulée *Unfinished Paintings* (*Peintures inachevées*). À ce sujet, Paul McCartney, dans ses conversations avec Barry Miles, insiste sur le fait que c'est lui qui a entraîné John Lennon dans ce monde, et non l'inverse. *« John*, raconte Paul, *sortait peu le soir, il était marié et père d'un enfant en bas âge »*. Paul suggère que, d'une certaine façon, John était jaloux de lui et de ses relations dans ces milieux. Lors de sa première visite à Indica, John s'est montré agressif envers certains de ces artistes, dont il avait l'impression qu'ils le regardaient de haut. Mais bien sûr, les choses ont vite changé et il a très vite rattrapé son retard dans ce domaine.

LE MOTIF, DESSINÉ PAR PAUL, IMPRIMÉ SUR LE PAPIER D'EMBALLAGE DES LIVRES POUR INDICA.

WINGS WILD LIFE
Produced by Paul and Linda McCartney
5-LA 4342
BIP BOP 4'14
(Paul and Linda McCartney)

WINGS WILD LIFE
Produced by Paul and Linda McCartney
ALÂMETİ FARİKA
TÜRK MALI
Made in Turkey
Cromwell
Music
XEX 871 - B
12,50
LOVE IS STRANGE
(Baker / Smith)

DE NOUVEAUX COLLAGES ET EXPÉRIMENTATIONS SONORES EN SOLO

WINGS
SILLY LOVE SONGS (DEMO) (1976)

Quand on écoute la maquette de la chanson « Silly Love Songs », un futur tube de Wings, on a l'impression d'entendre un couple de musiciens du dimanche. La voix de Paul est faible, l'harmonie vocale de Linda aussi. Dépouillée de son orchestration disco-funky très datée, cette chanson n'est alors qu'une simple esquisse, juste accompagnée par un piano qui aurait besoin d'être réaccordé. Elle a néanmoins le charme de cette fragilité un peu bancale. J'ai déjà eu l'occasion d'évoquer les paroles de cette chanson en citant le texte que Paul lui a consacré dans son livre *Paroles et souvenirs de 1956 à aujourd'hui*. Dans ce texte touchant, Paul éprouve le besoin de se défendre face à l'accusation, qu'on lui a souvent lancée, notamment John Lennon, de ne chanter que des chansons d'amour débiles ou niaises :

> *« C'est si facile d'être cynique. Beaucoup de personnes ont tendance à ne pas montrer leurs émotions en dehors de leur cercle intime mais leur sensibilité est là, tout au fond d'eux-mêmes, toujours. »*

En 1979, la révolution punk et ce qu'on a désigné comme l'après-punk sont venus ébranler Paul McCartney qui, comme tant d'autres de sa génération, craignait alors de passer à la trappe. Bien sûr, ce n'est pas du tout ce qui s'est produit à long terme, au contraire, mais il était alors impossible de le savoir. McCartney a alors arrêté provisoirement son groupe Wings et décidé de réaliser, tout seul, un album expérimental, dans lequel il à joué de tous les instruments, s'enregistrant chez lui sur un magnétophone 16-pistes. Dans cet album intitulé *McCartney II*, on entend un peu de tout, notamment de bons blues. On a néanmoins retenu d'autres titres plus inattendus dans

PAGE DE GAUCHE, DE HAUT EN BAS : L'ALBUM *WILD LIFE*, SORTI EN 1971 CHEZ APPLE.
LE SINGLE « BIP BOP / LOVE IS STRANGE », SORTI EN 1972 CHEZ APPLE ET SUR LEQUEL ON PEUT VOIR L'UTILISATION DU LOGO APPLE SUR LES FACES A (POMME PLEINE) ET B (POMME COUPÉE).

lesquels on entend les sons et boîtes à rythmes électroniques des nouveaux synthétiseurs portables de la période, Korg et Roland. Ces instruments au prix accessible ont démocratisé les sons et textures électroniques au sein de la musique populaire avant de l'envahir de façon irréversible. Certains instrumentaux qu'on entend dans l'album *McCartney II* rappellent le funk rock robotique de Devo ou des Talking Heads ; d'autres, les débuts du musicien japonais Ryūichi Sakamoto au sein de son groupe Yellow Magic Orchestra.

PAUL
McCARTNEY
DARKROOM
(1980)

Des commentateurs ont alors avoué leur étonnement. McCartney leur a rappelé que, de sa part, ça n'avait rien de nouveau et que depuis des chansons des Beatles comme « Tomorrow Never Knows », dans l'album *Revolver* en 1966, présentant des collages de boucles sonores et de bandes passées à l'envers, parfois accélérées, l'expérimentation sonore faisait partie intégrante de sa musique. Il est impossible ne pas évoquer l'étonnant « Revolution # 9 », dans le *Double Blanc* des Beatles, paru en 1968 : un assemblage de bruits et voix sans queue ni tête qui avait alors dérouté le public. Ce morceau correspondait à l'assimilation par McCartney puis Lennon et Harrison (c'est dans cet ordre que Paul tient à présenter les choses) des compositions de musique électro-acoustique de Karlheinz Stockhausen, de la musique dite concrète d'Edgar Varese et Luciano Berio et, plus largement, des recherches de musique conceptuelle de John Cage. McCartney avait découvert ces compositeurs grâce à ses amis John Dunbar et Barry Miles, qui l'emmenaient assister à des concerts d'avant-garde. « Darkroom », extrait de l'album *McCartney II*, est une sorte de Polaroid des expérimentations électroniques de McCartney de cette période.

L'année 1980 a commencé par une sacrée mésaventure. En janvier, Paul McCartney et Wings s'apprêtaient à entamer une tournée japonaise à guichets fermés : un événement, puisque Paul avait longtemps été interdit de séjour au Japon à cause d'anciennes condamnations pour consommation de cannabis. Seulement, quand McCartney a passé les contrôles et que la douane a

À L'AÉROPORT DE SPEKE, LIVERPOOL, LE 28 NOVEMBRE 1984. © MIRRORPIX / BRIDGEMAN IMAGES

contrôlé son bagage, on y a découvert deux cent vingt grammes de cannabis. On l'a aussitôt embarqué. Il a passé là-bas neuf jours en prison avant d'être expulsé. Cet incident a entraîné la fin de Wings. À propos de drogue, McCartney a toujours mis en avant sa prudence en la matière. Il a tout essayé, dit-il, mais jamais au point d'être accroché à quoi que ce soit. Et il a reconnu, très ouvertement, que *Sgt. Pepper's Lonely Hearts Club Band* est un album dont la conception et l'enregistrement étaient en partie le fruit de la consommation de cannabis. Selon son témoignage, le LSD qu'il a consommé en plusieurs occasions avec les Beatles, notamment lors d'une croisière autour des îles grecques, a été de la partie aussi, aiguisant ses sens, et pas toujours dans un sens agréable. Enfin, il dit avoir essayé la cocaïne, un soir, dans une boîte à Londres, où se trouvait Jimi Hendrix. Cette expérience l'a déçu parce que la descente arrive très vite. Quant à l'héroïne, malgré les tentations qui ont pu surgir, il en est toujours resté à l'écart. En somme, résume McCartney, il y a toujours eu en lui une sorte de barrière, de distance, par rapport aux excès, liée à un fort instinct de survie. ◆

CHAPITRE 9

BOUQUET FINAL : UN CONCERT RÊVÉ

À la fin du voyage, le moment est venu de se retourner sur le chemin parcouru.

DES CLASSIQUES DE RHYTHM'N'BLUES ET ROCK'N'ROLL

WINGS
MAYBE I'M AMAZED (LIVE)
(1976)

En mai 1976, la tournée mondiale de Paul McCartney avec Wings s'est arrêtée à Paris. C'est à cette occasion que j'ai pu l'entendre pour la première fois de ma vie, à l'âge de dix-sept ans. Comme je l'ai mentionné, je ne m'étais déplacé que pour entendre Paul chanter en solo, lors d'un bref intermède, cinq chansons des Beatles, notamment « Yesterday ». Comme tant de fanatiques des Beatles endeuillés par la brutale disparition du groupe, je grimaçais face à Wings. Une image me revient avec une précision presque troublante : Paul et Linda vêtus de vestes noires ornées de paillettes disco sur les manches et les épaules. J'avais trouvé ça atrocement ringard. Tout comme cette façon qu'avait Paul, assis au piano, de tendre régulièrement un bras à la verticale, comme pour lancer un signal, déclenchant une vague de hurlements féminins. Parmi les amoureux des Beatles, certains,

SUR SCÈNE AVEC WINGS, À VENISE, EN 1976. © GRAZIANO ARICI / ARCHIVIO ARICI / BRIDGEMAN IMAGES

dont je faisais partie, considéraient qu'il était devenu l'ombre de lui-même. L'œuvre des Beatles était à mes yeux si parfaite que, du haut de mes dix-sept ans, je jugeais que Paul, livré à lui-même, commettait un sacrilège en créant une musique qui trahissait ce souvenir immaculé.

L'inconscient collectif de la jeunesse mondiale avait attribué à ces quatre très jeunes gens une sorte de pouvoir magique : celui de fixer le cap vers l'inouï et le jamais vu. Grâce à lui et à ses compagnons, les enfants émerveillés que nous voulions rester avaient espéré vivre à tout jamais dans un monde merveilleux et surnaturel. Paul McCartney était hélas passé à autre chose et nous nous sentions comme endeuillés. *« The dream is over »* (*« Le rêve est fini »*), avait brutalement résumé John Lennon dans sa chanson « God », qu'on avait découverte dans son premier album de chansons en solo, *John Lennon/Plastic Ono Band*, paru à la fin de l'année 1970. Cette amère déception, qu'il fallut du temps pour surmonter, a sans nul doute été l'une des sources du mouvement punk : l'expression d'un dépit si féroce face à une sorte de descente - équivalente à une descente de drogue – que celui-ci a viré à la rage et à l'autodestruction.

Cette période, aujourd'hui, est un lointain souvenir. Le trajet de Paul McCartney après les Beatles s'étend désormais sur plus d'un demi-siècle. Le musicien a suivi bien des méandres et sa barque, parfois, a pu sembler enlisée. Il a cependant su enrichir son œuvre en retournant toujours à ses premiers thèmes, en les ranimant, parfois, avec une fraîcheur renouvelée. Paul s'est révélé comme un explorateur circulaire du même, un poète qui a toujours su trouver dans son jardin d'enfance un sentier nouveau, une perspective jamais vue, une autre lumière. Pour reprendre une de ses formules, il est resté *« campé sur ses positions »* et n'a jamais dévié.

LE SINGLE « MAYBE I'M AMAZED / SOILY », SORTI EN 1977 CHEZ PARLOPHONE.

Paul McCartney n'est pas idiot. Il sait parfaitement que le monde autour de lui a gagné en cynisme, en froideur, en violence et parfois en haine. Pour y chercher encore l'amour et la beauté, doivent se dire certains, il faut être crétin, aveugle ou hypocrite. Or Paul McCartney ne l'est pas. J'ai déjà cité cette formule de lui et je la répète : *« Beaucoup jugent que l'amour est un sujet de chanson débile mais c'est exactement le contraire. Cette chose que l'on ressent les uns pour les autres, c'est ce qui rend la vie meilleure. Et l'amour, ça n'a rien de niais. »* C'est ce qu'il dit à la lettre dans la chanson « Silly Love Songs », signée Wings en 1976 : *« Love isn't silly at all. »*

Dans « Maybe I'm Amazed », une chanson écrite juste après la séparation des Beatles, alors qu'il venait de s'installer en couple avec Linda, Paul McCartney s'ouvre d'une contradiction apparente : aimer quelqu'un peut avoir quelque chose d'effrayant, voire de terrifiant. On peut ressentir la peur de se retrouver piégé, par exemple. *« Maybe I'm afraid of the way I love you »* (*« Peut-être que j'ai peur de la façon dont je t'aime »*) : tout le contraire d'une niaiserie, cette formule ouvre une vaste question existentielle.

WINGS
LADY MADONNA (LIVE)
(1976)

Dans cette espèce de concert idéal de Paul McCartney que j'ai préparé en guise de bouquet final, j'ai glissé certaines de ses chansons avec les Beatles qui m'ont accompagné toute ma vie et que je n'étais pas arrivé à placer dans les épisodes précédents. « Lady Madonna », un rhythm'n'blues à la Fats Domino, est une des chansons les plus joyeuses des Beatles. Quand ils l'ont publiée en 45 tours, en plein mai 68, son style délibérément rétro avait quelque chose de bizarrement décalé. Cette chanson avait été inspirée à Paul McCartney par le souvenir de sa mère, qu'il avait perdue à l'âge de quatorze ans : une mère magnifiée qui, dans cette chanson, prenait une dimension universelle de mère nourricière. Paul McCartney a fait lui-même un commentaire très révélateur à propos de « Lady Madonna ». Cette formule résume parfaitement son approche, qui fut celle des Beatles et dans un monde pourtant moins ouvert à une certaine candeur naïve, il s'est toujours efforcé d'y rester fidèle :

> *« Une certaine joie imprègne votre art quand il prend forme tout seul, le plus naturellement du monde, sans que vous ayez rien fait pour. Il y a là un genre de magie. Tout ce qu'on a produit, ou presque, découle d'un véritable émerveillement plutôt que d'études approfondies. Nous n'avions pas vraiment suivi de cours de musique, après tout. »*

PAUL McCARTNEY
KANSAS CITY (1988)

« Kansas City » est une chanson américaine des années cinquante, écrite par l'équipe Leiber-Stoller, qui fournit quelques tubes à Elvis, et rendue populaire par Wilbert Harrison. Les Beatles la chantaient à la Cavern de Liverpool et ce rhythm'n'blues figure dans leur album *Beatles for Sale*, paru fin 1964. Paul McCartney l'a réinterprétée en 1987 dans des circonstances que j'ai déjà évoquées. Alors qu'il se sentait au creux de la vague, il avait ressenti le besoin de se revivifier à la source de son adolescence : le rock'n'roll. Un jour de juillet de cette année-là, il a fait venir dans son moulin du Sussex des amis musiciens, voisins, notamment l'excellent guitariste de rock'n'roll Mick Green, hélas disparu depuis, qui animait un excellent trio, les Pirates. En deux jours, ils ont joué des classiques de rhythm'n'blues et de rock'n'roll chers au cœur de McCartney : Fats Domino, Eddie Cochran, Little Richard. Le résultat avait tellement plu à Paul qu'il lui était venu une idée assez farfelue : publier cet album sous une forme de pirate officiel en laissant croire qu'il s'agissait d'un import venu d'Union Soviétique. Lui et son équipe étaient parvenus à passer un accord avec l'URSS, encore debout à cette époque, quoique plus pour très longtemps. La compagnie officielle Melodia, la seule du pays, avait accepté de presser cinq cent mille exemplaires sur lesquels les collectionneurs occidentaux se sont précipités. L'album portait pour titre *Снова в СССР* (*Snova v SSSR*), c'est-à-dire *De retour en URSS*, façon de recycler évidemment le titre d'une des plus célèbres chansons des Beatles.

« Jet » a été un des plus grands succès de Paul McCartney avec son groupe Wings, en 1973. La chanson figurait dans l'album signé *Band on the Run*, qui a rencontré un immense succès dans le monde entier. Celui-ci a

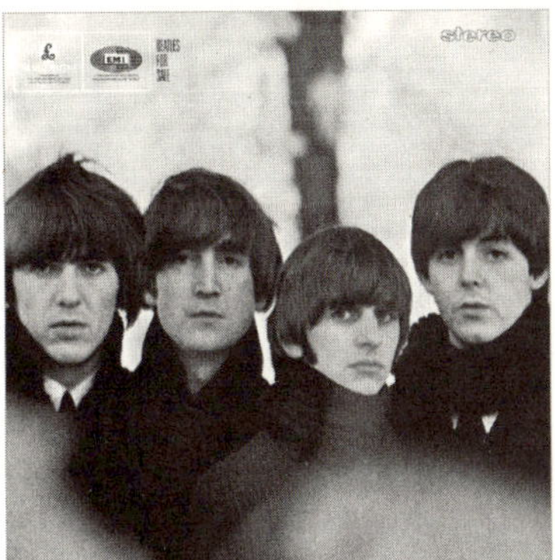

DE HAUT EN BAS :
L'ALBUM *SNOVA V SSSR*,
SORTI EN 1988 CHEZ MELODIYA.
L'ALBUM *BEATLES FOR SALE*,
SORTI EN 1964 CHEZ PARLOPHONE, DANS LEQUEL FIGURE LA PREMIÈRE VERSION DE « KANSAS CITY » ENREGISTRÉE PAR McCARTNEY.

paul is live

Paul McCartney

paul mccartney
back in the u.s.
Live 2002

PAUL McCARTNEY
JET (LIVE)
(1990)

apporté au musicien un nouveau public, plus jeune que celui des Beatles. Au sein de Wings, McCartney aimait varier les ambiances, glissant de l'une à l'autre, parfois au sein d'un seul et même titre. Paul, Linda, leur famille et leurs musiciens avaient décidé d'enregistrer cet album à Lagos, au Nigeria, dans un studio qu'EMI avait fait équiper. Ils avaient été également attirés par les très belles plages bordant le lagon. Cet enregistrement n'a pas été de tout repos. Le studio était équipé sommairement. Plus grave : une bande de voyous avait dépouillé Paul et Linda dans une rue de Lagos, un incident qui avait été à deux doigts de se terminer tragiquement. Pour tout arranger, le musicien star de Lagos, Fela, une sorte de roi local, avait accusé McCartney et ses musiciens blancs d'être venus pour voler la musique des Africains. Après quoi Fela et McCartney avaient fait la paix, d'autant que celui-ci avait une immense estime pour sa musique. Paul raconte qu'il a même un soir été ému aux larmes en allant écouter Fela.

PAUL McCARTNEY
BACK IN THE USSR (LIVE)
(2002)

Il est difficile, dans une série consacrée à Paul McCartney, de ne pas écouter une chanson qu'il ne manque jamais de chanter à ses concerts : « Back in the USSR ». Créée avec les Beatles en 1968, celle-ci pastiche de manière évidente les premiers airs des Beach Boys, leurs harmonies vocales, surtout, qui ont eu une immense influence sur les Beatles et en particulier sur Paul McCartney. Cette chanson mettant en scène un citoyen soviétique qui préférait son pays aux États-Unis s'inscrivait dans un contexte où la guerre froide commençait à baisser en intensité. Malgré la guerre du Vietnam, qui faisait rage, le terme de détente commençait, timidement, à faire son apparition. Par la suite, Paul McCartney a particulièrement savouré le moment où il a pu chanter « Back in the USSR », en 2003, sur la Place Rouge.

PAGE DE GAUCHE, DE HAUT EN BAS, DE GAUCHE À DROITE :
L'ALBUM *PAUL IS LIVE*, SORTI EN 1993 CHEZ PARLOPHONE.
L'ALBUM *TRIPPING THE LIVE FANTASTIC*, SORTI EN 1990 CHEZ PARLOPHONE.
L'ALBUM *BACK IN THE U.S. (LIVE 2002)*, SORTI EN 2002 CHEZ CAPITOL.

LE SOUVENIR DE LA FAMILLE ASHER ET DES SIENS

PAUL McCARTNEY
PAPERBACK WRITER (LIVE)
(1993)

Autre oubli : « Paperback Writer », une chanson qui est à 100% l'œuvre de Paul. Les Beatles l'avaient créée en 1966 et publiée en 45 tours, deux mois avant l'album *Revolver*. Elle avait un parfum psychédélique. Comme Paul le confesse, le fait de commencer à fumer des pétards avait contribué à élargir son horizon. « Paperback Writer » désigne à la lettre un auteur de livre de poches ; en français, on parlerait plutôt d'auteur à succès. Paul était un grand lecteur. Grâce aux parents de sa fiancée Jane Asher, il avait pu converser avec des écrivains comme Kingsley Amis et Harold Pinter. Dans cette chanson, il se met dans la peau d'un aspirant-auteur adressant son manuscrit à un éditeur, l'accompagnant d'une lettre : *« Dear Sir or Madam, will you read my book? / It took me years to write, will you take a look? / It's a thousand pages, give or take a few / I'll be writing more in a week or two / I could make it longer if you like the style »* (*« Cher Monsieur ou Madame, voulez-vous bien lire mon manuscrit ? Il m'a demandé des années de travail, voulez-vous bien y accorder votre attention ? / Il fait environ mille pages, je vais en écrire encore d'ici une semaine ou deux / Je peux l'allonger si vous aimez le style »*). Il chante même dans la chanson le pitch du livre, comme on dit en franglais : *« It's a dirty story of a dirty man / And his clinging wife doesn't understand / His son is working for the* Daily Mail */ It's a steady job / But he wants to be a paperback writer »* (*« C'est la sale histoire d'un sale type / Il a une femme très collante, qui ne le comprend pas / Son fils est journaliste au* Daily Mail *– un quotidien populaire – c'est un boulot solide mais en fait il a envie d'être un auteur à succès »*).

Impossible de consacrer une émission finale à Paul McCartney sans écouter aussi la célèbre suite qui conclut la seconde face de l'album des Beatles *Abbey Road*. Les deux premiers vers de « Golden Slumbers » (« Songes d'or ») ont une source ancienne, un peu désuète : *« Golden slumbers fill your eyes / Smiles awake you when you rise »* (*« Des songes d'or emplissent tes yeux /*

Des sourires t'éveillent quand tu te lèves »). Il s'agit d'une vieille chanson dont Paul avait vu les paroles sur une partition posée sur le piano droit de la maison de son père. Il avait trouvé un air nostalgique qui lui rappelait la joie de son foyer quand toute la famille se réunissait, à Noël, autour du piano, chantant et buvant pas mal aussi :

> *« Je me souviens que pour le petit garçon que j'étais, il y avait quelque chose de fabuleux dans tout ça : ces vieilles chansons auxquelles on redonnait soudain vie grâce au piano, ces paroles dont tout le monde se souvenait, surtout les tantes – elles les connaissaient par cœur. Quand j'étais jeune, je pensais que la famille McCartney était pareille aux autres mais aujourd'hui je me rends compte de la chance que j'ai eue de naître au milieu de personnes bonnes, honnêtes et gentilles. On n'était pas riches. Personne n'avait le moindre sou mais c'était presque un avantage parce qu'ils devaient tout faire par eux-mêmes. »*

THE BEATLES
GOLDEN SLUMBERS
(1969)
THE END
(1969)

« And in the end / The love you take / Is equal to the love you make » : *« Et à la fin / L'amour qu'on reçoit / Est l'égal de l'amour qu'on déploie. »* Cette traduction est sans doute un peu trop littéraire, un peu trop dix-septième siècle, pour cette formule qui clôt l'album *Abbey Road*, juste avant le petit post-scriptum rigolo de « Her Majesty ». Aucune traduction ne peut rendre justice à la simplicité et à la nudité du distique anglais, dans cette langue magique qui parvient à tout dire grâce à si peu. Paul McCartney, en amoureux de la poésie anglaise, a souvent dit que, s'il n'avait pas été musicien, il aurait souhaité enseigner la littérature. Quand il avait étudié au lycée *Macbeth* de Shakespeare, un professeur qu'il admirait lui avait fait apprécier la façon dont les scènes se terminaient par une sorte de clausule en deux vers (ou distique), notamment dans celle où dialoguent les conspirateurs Malcolm et Macduff : *« Receive what cheer you may / The night is long that never finds the day. »* Traduction possible : *« Accepte le présent réconfort / Trop*

longue serait la nuit sans jamais voir l'aurore. » Pour Paul McCartney, la formule de « The End » est une sorte de karma, pour reprendre ses termes, une notion qu'on trouve dans l'hindouisme comme le bouddhisme. Pour dire les choses simplement, on récolte ce que l'on sème.

THE BEATLES
LET IT BE (NAKED VERSION)
(1970)

« Let It Be » est venue à Paul McCartney à un moment où ça n'allait pas fort pour lui, à la fin des Beatles. Sa mère, morte depuis plus de dix ans, lui était apparue en rêve. Il y a aussi du Shakespeare là-dessous. À la fin de *Hamlet*, on entend ces vers dits par Hamlet, agonisant : *« O, I could tell you / But let it be. Horatio, I am dead. » « Oh, je pourrais t'en dire / Mais laissons. Horatio, je suis mort. »* Paul l'a chantée pour la première fois en public en 1985 pour le célèbre concert humanitaire Live Aid, malgré les réserves du chanteur Sting qui estimait que « Let It Be » (« Laissons » ou « Laissons faire ») était un message de résignation, tout l'inverse de ce qu'il fallait faire résonner ce jour-là. Paul McCartney n'a pas été convaincu par l'argument et il a chanté « Let It Be » qui, comme il l'admet, peut facilement tourner à la prière. *« Je ne suis pas croyant au sens traditionnel du terme,* précise-t-il, *mais je pense qu'il existe une force supérieure qui peut nous aider. »*

PAUL McCARTNEY
THIS NEVER HAPPENED BEFORE
(2005)

Autre *« chanson d'amour niaise »*, « This Never Happened Before » figure dans un des sommets de la carrière tardive de Paul McCartney, *Chaos and Creation in the Backyard*. Cet album a été supervisé en 2005 par un jeune réalisateur artistique anglais, Nigel Godrich, collaborateur régulier du musicien californien Beck et du groupe Radiohead. Celui-ci avait demandé à Paul de ne pas s'appuyer sur ses accompagnateurs habituels mais plutôt de tenter une approche différente, rappelant les enregistrements qu'il réalisait seul chez lui. McCartney a ainsi joué de très nombreux instruments, outre les diverses guitares, basse et claviers habituels : flûtes à bec, cithare, violoncelle, carillon et diverses percussions. *Chaos and Creation in the Backyard* était orné d'une photo de Paul très jeune homme prise par son jeune frère Mike, dans le petit jardin de la maison paternelle, à Liverpool. Il a marqué un retour en grâce de Paul auprès de la critique. Celui-ci revenait à une approche plus intime rappelant le meilleur de ses enregistrements en solo à ses débuts et aussi à certains sons propres aux Beatles folk, baroques ou psychédéliques.

LA FIN

PAUL
McCARTNEY
**THE END
OF THE END**
(2007)

On a moins remarqué l'album suivant, paru en 2007, *Memory Almost Full*, dont je retiens cette chanson poignante, « The End of the End » (« La fin des fins »). Quand il l'a écrite, Paul McCartney avait soixante-cinq ans, un âge qui ne marque plus la fin de la vie pour les hommes en Occident. Paul égrène la liste de ses souhaits pour son enterrement, une tradition irlandaise. *« At the end of the end / It's the start of a journey / To a much better place / And this wasn't bad / So a much better place / Would have to be special / No need to be sad »* (*« À la fin des fins / C'est le début d'un voyage / Vers un lieu bien meilleur / Et celui-ci n'était pas mal/ Alors un lieu bien meilleur / Ça doit être quelque chose de spécial / Pas la peine d'être triste »*). Avant de poursuivre : *« On the day that I die I'd like jokes to be told / And stories of old to be rolled out like carpets / That children have played on / And laid on while listening to stories of old »* (*« Le jour où je mourrai je voudrais qu'on fasse des blagues / Et qu'on déroule les vieilles histoires comme des tapis / Sur lesquels jouaient les enfants / Quand ils écoutaient ces vieilles histoires »*).

Il est temps de conclure cette série. Peut-être certains connaisseurs infaillibles de l'œuvre du maître auront-ils regretté que je ne diffuse pas telle perle de leur trésor personnel. Ou bien ont-ils froncé les sourcils en entendant telle formule qui leur aura paru inexacte, voire erronée. D'autres auraient peut-être souhaité que j'évoque la découverte par Paul McCartney de l'œuvre d'Alfred Jarry, en particulier *Ubu cocu*, une pièce de théâtre pour laquelle il a écrit une musique. Les bandes en ont été publiées, même si le spectacle n'a jamais pu être monté. McCartney a d'ailleurs cité la pataphysique (inventée par Jarry) dans la chanson aussi comique que cruelle des Beatles « Maxwell's Silver Hammer ». J'aurais aussi pu mentionner sa pratique régulière de la peinture, encouragée par le peintre américain d'origine néerlandaise Willem de Kooning, qu'il avait connu dans les années quatre-vingts à New York. Quant à la photographie, c'est une passion qui s'est révélée à lui très jeune. On a publié en 2023 un album de photos retrouvées, prises par lui à New York et dans d'autres villes américaines, lors de la première tournée américaine des Beatles, alors qu'il avait à peine vingt-deux ans : *1964, Eyes of the Storm*, en version originale (en français : *1964, dans le tourbillon de la beatlemania*, Buchet-Chastel).

Je plaide coupable pour tout et le reste. Que dire pour ma défense ? J'ai trop d'affection envers l'œuvre de Paul McCartney pour être objectif et froidement méthodique. Ouvrir l'éventail au maximum, faire découvrir toute sa palette, voilà ce à quoi je me suis efforcé. J'ai omis sciemment ce qui à mes oreilles était peut-être moins radiophonique et accessible à tous. J'ai surtout eu à cœur de venir à bout de certains préjugés qui continuent à peser sur Paul McCartney : insignifiance, mièvrerie, gentillesse, fadeur, que sais-je encore. Alors que sa légèreté même est, si j'ose dire, le secret de sa profondeur.

LE LIVRE *1964, EYES OF THE STORM*, PUBLIÉ EN 2023 CHEZ BUCHET-CHASTEL.

Qu'on me permette une dernière note personnelle. Quand j'étais enfant et que j'allais à l'école primaire, les journées de classe s'écoulaient à une lenteur pour moi insupportable. Je rêvais que les Beatles, et en particulier, Paul McCartney, viennent dans mon école. Il y avait une porte basse à l'entrée, creusée à la taille des enfants. Et je me disais, pensée d'enfant : *« Il faudra qu'il se baisse pour entrer parce qu'il est grand. »* Eh bien d'une certaine façon mon souhait s'est réalisé. Paul McCartney a débarqué dans mon décor, dans ma vie pour y apporter une magie toujours renouvelée. Grâce à lui, je suis resté cet enfant qui rêve encore. Qu'il en soit remercié, s'il m'entend, quelque part. ◆

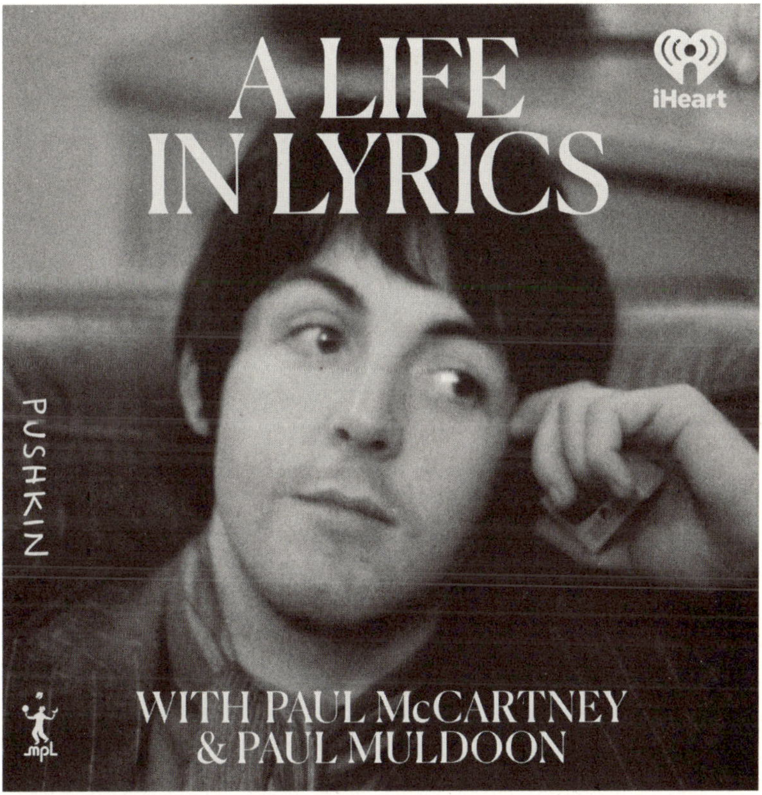

LE PODCAST *A LIFE IN LYRICS*, ANIMÉ PAR PAUL McCARTNEY ET PAUL MULDOON, DANS LEQUEL UN ÉPISODE (« MAXWELL'S SILVER HAMMER ») TRAITE DE LA PREMIÈRE FOIS QU'IL A ENTENDU, DANS SA VOITURE, LA PIÈCE *UBU COCU* D'ALFRED JARRY.

VOX

POSTFACE

PARLER ET SE SOUVENIR

Dans ce troisième volet de la collection *Very Good Trip*, une nouvelle forme de récit s'est imposée à nous. Non pas une biographie linéaire comme cela avait été le cas avec le précédent ouvrage *Very Good Bowie Trip*, mais un parcours thématique au fil des différents genres musicaux que McCartney a abordés durant sa carrière, avec ou sans les Beatles, le plus souvent sans eux. Paul McCartney avait coutume en effet d'écrire des paroles souvent très imagées, accompagnées d'expérimentations sonores qui, au fil de sa discographie, s'accentueront, notamment grâce à son « home studio » d'avant l'heure (le terme n'existait pas encore). Ce livre souhaite rendre compte de ces mille facettes, en abordant entre autres genres musicaux aussi bien le rock'n'roll ou le folk, la soul ou la country, le côté jazzy ou funky, de ses chansons. En somme, nous comprenons que l'œuvre de Paul McCartney, à la différence de celle de David Bowie, n'est pas liée à ses expériences existentielles, elle est plutôt circulaire et se range dans des thèmes qu'il lui a été facile d'ordonner puisque, comme Michka Assayas le dit, Paul McCartney a toujours été un « explorateur du même ».

Ce livre explique aussi combien son rôle a été central dans la composition de nombreuses chansons des Beatles, bien que le plus souvent ce rôle fût atténué derrière l'image ténébreuse et romantique (tout aussi nuançable) de John Lennon. Non, Paul n'était ni un sage, ni un timide, ni un garçon mièvre. Sa tendresse était toujours teintée de cruauté, de sauvagerie même, voire de brutalité. C'est ce qui est important, ce qui fait l'originalité de ce portrait kaléidoscopique : McCartney a été souvent là on ne l'attendait pas, contre les étiquettes dont il a été affublé. Michka témoigne et fait presque de cette démonstration une défense personnelle : McCartney a été pour lui une sorte de compagnon de vie, depuis son enfance, et il se reconnaît en lui. Les lecteurs de ma génération de leur côté vivent cette histoire avec plus de distance mais pas moins d'ardeur : la distance est temporelle, mais le sujet toujours d'actualité.

Peut-être plus que jamais, aujourd'hui on aime lire des ouvrages, regarder des films sur le sujet. On se rappelle l'emballement médiatique et la frénésie totale qu'il y a eu récemment autour du film documentaire *The Beatles: Get Back* réalisé par Peter Jackson et sorti sur la plateforme Disney+ en 2021. On se souvient de la parution très attendue la même année, aux éditions Buchet-Chastel, de l'autobiographie en chansons de Paul McCartney, traduite en français sous le titre *Paul McCartney : Paroles et souvenirs de 1956 à aujourd'hui*. Ce ne sont que deux exemples parmi tant de références importantes.

Ces documents sont des mines d'or. Ils sont des archives au meilleur sens du terme : à la fois érudites et vivantes, d'un temps qui paradoxalement semble se rapprocher de plus en plus de nous. Espérons que ce livre apportera modestement une pierre à cet édifice, d'une histoire décidément à la fois intime et collective, et surtout semble-t-il infinie. ◆

Maud Berthomier

PAGES PRÉCÉDENTES : **LORS D'UNE RÉPÉTITION AU PRINCE OF WALES THEATRE, LE 5 NOVEMBRE 1963.** © MIRRORPIX / BRIDGEMAN IMAGES

LA PLAYLIST

VERY GOOD McCARTNEY TRIP

01. I WANNA BE YOUR MAN
1'43" (1963)
PAR : THE ROLLING STONES
ALBUM : *THE SINGLES 1963-1965*

02. I SAW HER STANDING THERE
2'53" (1963)
PAR : THE BEATLES
ALBUM : *PLEASE PLEASE ME*

03. I'M DOWN
2'33" (1965)
PAR : THE BEATLES
ALBUM : *PAST MASTERS (VOLS 1 & 2)*

04. SHE'S A WOMAN
3'02" (1964)
PAR : THE BEATLES
ALBUM : *PAST MASTERS (VOLS 1 & 2)*

05. DRIVE MY CAR
2'28" (1965)
PAR : THE BEATLES
ALBUM : *RUBBER SOUL*

06. WHY DON'T WE DO IT IN THE ROAD?
1'41" (1968)
PAR : THE BEATLES
ALBUM : *THE BEATLES*

07. BIRTHDAY
2'43" (1968)
PAR : THE BEATLES
ALBUM : *THE BEATLES*

08. HELTER SKELTER
4'29" (1968)
PAR : THE BEATLES
ALBUM : *THE BEATLES*

09. I'VE GOT A FEELING
3'27" (1970)
PAR : THE BEATLES
ALBUM : *LET IT BE... NAKED*

10. THE MESS (LIVE)
4'58" (1972)
PAR : WINGS
ALBUM : *THE 7" SINGLES*

11. NOTHING TOO MUCH JUST OUT OF SIGHT
3'46" (2008)
PAR : THE FIREMAN
ALBUM : *THE 7" SINGLES*

12. CUT ME SOME SLACK
4'38" (2013)
PAR : PAUL McCARTNEY, DAVE GROHL, KRIST NOVOSELIC, PAT SMEAR
ALBUM : *SOUND CITY: REAL TO REEL*

13. YESTERDAY
2'34" (1965)
PAR : THE BEATLES
ALBUM : *ANTHOLOGY 2*

14. AND I LOVE HER
2'29" (1964)
PAR : THE BEATLES
ALBUM : *A HARD DAY'S NIGHT*

15. FOR NO ONE 1'59" (1966)
PAR : THE BEATLES
ALBUM : *REVOLVER*

16. HERE, THERE AND EVERYWHERE
2'24" (1966)
PAR : THE BEATLES
ALBUM : *REVOLVER*

17. ELEANOR RIGBY
2'06" (1966)
PAR : THE BEATLES
ALBUM : *REVOLVER*

18. SHE'S LEAVING HOME
3'35" (1967)
PAR : THE BEATLES
ALBUM : *SGT. PEPPER'S LONELY HEARTS CLUB BAND*

19. I'M CARRYING
2'46" (1978)
PAR : WINGS
ALBUM : *THE 7" SINGLES*

20. WARM AND BEAUTIFUL
3'14" (1976)
PAR : WINGS
ALBUM : *PURE McCARTNEY*

21. WATERFALLS
4'45" (1980)
PAR : PAUL McCARTNEY
ALBUM : *THE 7" SINGLES*

22. SOMEDAYS
4'15" (1997)
PAR : PAUL McCARTNEY
ALBUM : *FLAMING PIE*

23. ENGLISH TEA
2'12" (2005)
PAR : PAUL McCARTNEY
ALBUM : *CHAOS AND CREATION IN THE BACKYARD*

24. FROM A LOVER TO A FRIEND
3'50" (2001)
PAR : PAUL McCARTNEY
ALBUM : *THE 7" SINGLES*

25. DO IT NOW
3'17" (2018)
PAR : PAUL McCARTNEY
ALBUM : *EGYPT STATION*

26. GOT TO GET YOU INTO MY LIFE
2'29" (1966)
PAR : THE BEATLES
ALBUM : *REVOLVER*

27. OH! DARLING
3'27" (1969)
PAR : THE BEATLES
ALBUM : *ABBEY ROAD*

28. **LET ME ROLL IT (LIVE)**
3'45" (1976)
PAR : WINGS
ALBUM : *WINGS OVER AMERICA*

29. **CALL ME BACK AGAIN**
4'59" (1975)
PAR : WINGS
ALBUM : *VENUS AND MARS*

30. **MY LOVE (LIVE)**
4'14" (1976)
PAR : WINGS
ALBUM : *WINGS OVER AMERICA*

31. **LISTEN TO WHAT THE MAN SAID (LIVE)**
3'32" (1976)
PAR : WINGS
ALBUM : *WINGS OVER AMERICA*

32. **ARROW THROUGH ME**
3'38" (1979)
PAR : WINGS
ALBUM : *THE 7" SINGLES*

33. **COMING UP (LIVE)**
3'50" (1979)
PAR : PAUL McCARTNEY
ALBUM : *THE 7" SINGLES*

34. **THAT DAY IS DONE (DEMO)**
4'21" (1988)
PAR : PAUL McCARTNEY
ALBUM : *FLOWERS IN THE DIRT*

35. **THE LOVERS THAT NEVER WERE (DEMO)**
3'49" (1988)
PAR : PAUL McCARTNEY
ALBUM : *FLOWERS IN THE DIRT*

36. **WOMAN AND WIVES**
3'14" (2020)
PAR : PAUL McCARTNEY
ALBUM : *McCARTNEY III*

37. **HELLO, GOODBYE**
3'28" (1967)
PAR : THE BEATLES
ALBUM : *MAGICAL MYSTERY TOUR*

38. **PENNY LANE**
2'59" (1967)
PAR : THE BEATLES
ALBUM : *SGT. PEPPER'S LONELY HEARTS CLUB BAND* (RÉÉDITION AUGMENTÉE)

39. **SGT. PEPPER'S LONELY HEARTS CLUB BAND**
2'02" (1967)
PAR : THE BEATLES
ALBUM : *SGT. PEPPER'S LONELY HEARTS CLUB BAND*

40. **FIXING A HOLE**
2'37" (1967)
PAR : THE BEATLES
ALBUM : *SGT. PEPPER'S LONELY HEARTS CLUB BAND*

41. **YOU NEVER GIVE ME YOUR MONEY**
4'03" (1969)
PAR : THE BEATLES
ALBUM : *ABBEY ROAD*

42. **DEAR BOY**
2'13" (1971)
PAR : PAUL & LINDA McCARTNEY
ALBUM : *RAM*

43. **UNCLE ALBERT/ADMIRAL HALSEY**
4'50" (1971)
PAR : PAUL & LINDA McCARTNEY
ALBUM : *THE 7" SINGLES*

44. **LIVE AND LET DIE**
3'12" (1973)
PAR : PAUL McCARTNEY & WINGS
ALBUM : *RED ROSE SPEEDWAY*

45. **LONDON TOWN**
4'11" (1978)
PAR : WINGS
ALBUM : *THE 7" SINGLES*

46. **BEAUTIFUL NIGHT**
5'08" (1997)
PAR : PAUL McCARTNEY
ALBUM : *FLAMING PIE*

47. **MR. BELLAMY**
3'39" (2007)
PAR : PAUL McCARTNEY
ALBUM : *MEMORY ALMOST FULL*

48. **NEW**
2'56" (2013)
PAR : PAUL McCARTNEY
ALBUM : *NEW*

49. **WHEN I'M SIXTY-FOUR**
2'40" (1967)
PAR : THE BEATLES
ALBUM : *SGT. PEPPER'S LONELY HEARTS CLUB BAND*

50. **YOUR MOTHER SHOULD KNOW**
2'28" (1967)
PAR : THE BEATLES
ALBUM : *MAGICAL MYSTERY TOUR*

51. **HONEY PIE**
2'41" (1968)
PAR : THE BEATLES
ALBUM : *THE BEATLES*

52. **MARTHA MY DEAR**
2'28" (1968)
PAR : THE BEATLES
ALBUM : *THE BEATLES*

53. **THE LONG AND WINDING ROAD**
3'34" (1970)
PAR : THE BEATLES
ALBUM : *LET IT BE... NAKED*

54. **BLUEBIRD**
3'24" (1973)
PAR : WINGS
ALBUM : *THE 7" SINGLES*

55. **YOU GAVE ME THE ANSWER**
2'15" (1976)
PAR : WINGS
ALBUM : *THE 7" SINGLES*

56. **LET 'EM IN**
5'11" (1976)
PAR : WINGS
ALBUM : *WINGS AT THE SPEED OF SOUND*

57. **BABY'S REQUEST**
2'51" (1979)
PAR : WINGS
ALBUM : *THE 7" SINGLES*

58. **GOODNIGHT TONIGHT**
4'21" (1980)
PAR : PAUL McCARTNEY
ALBUM : *THE 7" SINGLES*

59. **THE GIRL IS MINE**
3'42" (1982)
PAR : MICHAEL JACKSON WITH PAUL McCARTNEY
ALBUM : *THRILLER*

60. **I DO**
2'56" (2001)
PAR : PAUL McCARTNEY
ALBUM : *DRIVING RAIN*

61. **MY VALENTINE**
3'14" (2012)
PAR : PAUL McCARTNEY
ALBUM : *KISSES ON THE BOTTOM*

62. **BACK IN BRAZIL**
3'20" (2018)
PAR : PAUL McCARTNEY
ALBUM : *EGYPT STATION*

63. **ROCKY RACOON**
3'33" (1968)
PAR : THE BEATLES
ALBUM : *THE BEATLES*

64. **I'M LOOKING THROUGH YOU**
2'26" (1965)
PAR : THE BEATLES
ALBUM : *RUBBER SOUL*

65. **EVERY NIGHT**
2'33" (1970)
PAR : PAUL McCARTNEY
ALBUM : *McCARTNEY*

66. **THAT WOULD BE SOMETHING**
2'38" (1970)
PAR : PAUL McCARTNEY
ALBUM : *McCARTNEY*

67. **HEART OF THE COUNTRY**
2'23" (1971)
PAR : PAUL & LINDA McCARTNEY
ALBUM : *RAM*

68. **COUNTRY DREAMER**
2'16" (1973)
PAR : PAUL McCARTNEY
ALBUM : *BAND ON THE RUN*

69. **LETTING GO**
3'36" (1976)
PAR : WINGS
ALBUM : *THE 7" SINGLES*

70. **USED TO BE BAD**
4'12" (1997)
PAR : PAUL McCARTNEY
ALBUM : *FLAMING PIE*

71. **GREAT DAY**
2'09" (1997)
PAR : PAUL McCARTNEY
ALBUM : *FLAMING PIE*

72. **MOVIE MAGG**
2'12" (1999)
PAR : PAUL McCARTNEY
ALBUM : *RUN DEVIL RUN*

73. **BROWN-EYED HANDSOME**
2'27" (1999)
PAR : PAUL McCARTNEY
ALBUM : *RUN DEVIL RUN*

74. **THAT WAS ME**
2'38" (2007)
PAR : PAUL McCARTNEY
ALBUM : *MEMORY ALMOST FULL*

75. **COME ON TO ME**
4'10" (2018)
PAR : PAUL McCARTNEY
ALBUM : *EGYPT STATION*

76. **LAVATORY LIL**
2'22" (2020)
PAR : PAUL McCARTNEY
ALBUM : *McCARTNEY III*

77. **BLACKBIRD**
2'18" (1968)
PAR : THE BEATLES
ALBUM : *THE BEATLES*

78. **MOTHER NATURE'S SON**
2'47" (1968)
PAR : THE BEATLES
ALBUM : *THE BEATLES*

79. **I WILL**
1'45" (1968)
PAR : THE BEATLES
ALBUM : *THE BEATLES*

80. **VENUS AND MARS (REPRISE)**
2'05" (1975)
PAR : WINGS
ALBUM : *VENUS AND MARS*

81. **MULL OF KINTYRE**
4'42" (1978)
PAR : WINGS
ALBUM : *LONDON TOWN*

82. **ONE OF THESE DAYS**
3'39" (1980)
PAR : PAUL McCARTNEY
ALBUM : *McCARTNEY II*

83. **HERE TODAY**
2'28" (1982)
PAR : PAUL McCARTNEY
ALBUM : *TUG OF WAR*

84. **PUT IT THERE**
2'12" (1988)
PAR : PAUL McCARTNEY
ALBUM : *FLOWERS IN THE DIRT*

85. **CALICO SKIES**
2'32" (1997)
PAR : PAUL McCARTNEY
ALBUM : *FLAMING PIE*

86. **LITTLE WILLOW**
2'38" (1997)
PAR : PAUL McCARTNEY
ALBUM : *FLAMING PIE*

87. **JENNY WREN**
3'46" (2005)
PAR : PAUL McCARTNEY
ALBUM : *CHAOS AND CREATION IN THE BACKYARD*

88. **EARLY DAYS**
4'07" (2013)
PAR : PAUL McCARTNEY
ALBUM : *NEW*

89. **HAPPY WITH YOU**
3'34" (2018)
PAR : PAUL McCARTNEY
ALBUM : *EGYPT STATION*

90. **WINTER BIND / WHEN WINTER COMES**
3'12" (2020)
PAR : PAUL McCARTNEY
ALBUM : *McCARTNEY III*

91. **HEY JUDE**
4'21" (1968)
PAR : THE BEATLES
ALBUM : *ANTHOLOGY 3*

92. **GOODBYE (HOME DEMO)**
2'23" (1969)
PAR : THE BEATLES
ALBUM : *ABBEY ROAD* (RÉÉDITION AUGMENTÉE)

93. **GET BACK (TAKE 8)**
3'53" (1970)
PAR : THE BEATLES
ALBUM : *LET IT BE* (RÉÉDITION AUGMENTÉE)

94. **TEDDY BOY**
2'24" (1970)
PAR : PAUL McCARTNEY
ALBUM : *McCARTNEY*

95. **JUNK**
1'55" (1970)
PAR : PAUL McCARTNEY
ALBUM : *McCARTNEY*

96. **BIP BOP**
4'14" (1971)
PAR : WINGS
ALBUM : *WILD LIFE*

97. **WHEN THE WIND IS BLOWING**
3'51" (1971)
PAR : WINGS
ALBUM : *WILD LIFE*

98. **MAMA'S LITTLE GIRL**
3'45" (1973)
PAR : WINGS
ALBUM : *RED ROSE SPEEDWAY*

99. **SILLY LOVE SONGS (DEMO)**
2'45" (1976)
PAR : WINGS
ALBUM : *WINGS AT THE SPEED OF SOUND*

100. **DARKROOM**
2'19" (1980)
PAR : PAUL McCARTNEY
ALBUM : *McCARTNEY II*

101. **SOMETHING THAT DIDN'T HAPPEN (DEMO)**
2'17" (1982)
PAR : PAUL McCARTNEY
ALBUM : *TUG OF WAR*

102. **EBONY AND IVORY (DEMO)**
1'45" (1982)
PAR : PAUL McCARTNEY
ALBUM : *TUG OF WAR*

103. **SO LIKE CANDY (DEMO)**
3'48" (1988)
PAR : PAUL McCARTNEY
ALBUM : *FLOWERS IN THE DIRT* (RÉÉDITION AUGMENTÉE)

104. **TWENTY FINE FINGERS (DEMO)**
2'27" (1988)
PAR : PAUL McCARTNEY & ELVIS COSTELLO
ALBUM : *FLOWERS IN THE DIRT* (RÉÉDITION AUGMENTÉE)

105. **DANCE TONIGHT (DEMO)**
2'57" (2007)
PAR : PAUL McCARTNEY
ALBUM : *THE 7" SINGLES*

106. **THE KISS OF VENUS**
3'06" (2020)
PAR : PAUL McCARTNEY
ALBUM : *McCARTNEY III*

107. **MAYBE I'M AMAZED (LIVE)**
5'20" (1976)
PAR : WINGS
ALBUM : *THE 7" SINGLES*

108. **LADY MADONNA (LIVE)**
2'20" (1976)
PAR : WINGS
ALBUM : *WINGS OVER AMERICA*

109. **KANSAS CITY**
4'03" (1988)
PAR : PAUL McCARTNEY
ALBUM : *SNOVA V SSSR*

110. **DAY TRIPPER (LIVE)**
3'11" (2009)
PAR : PAUL McCARTNEY
ALBUM : *LIVE AT CITI FIELD, NYC, 2009*

111. **JET (LIVE)**
4'02" (1990)
PAR : PAUL McCARTNEY
ALBUM : *TRIPPING THE LIVE FANTASTIC*

112. **BACK IN THE USSR (LIVE)**
2'55" (2002)
PAR : PAUL McCARTNEY
ALBUM : *BACK IN THE U.S. - LIVE 2002*

113. **WE CAN WORK IT OUT (LIVE)**
2'39" (1993)
PAR : PAUL McCARTNEY
ALBUM : *PAUL IS LIVE*

114. **PAPERBACK WRITER (LIVE)**
2'36" (1993)
PAR : PAUL McCARTNEY
ALBUM : *PAUL IS LIVE*

115. **GOLDEN SLUMBERS**
1'31" (1969)
PAR : THE BEATLES
ALBUM : *ABBEY ROAD*

116. **CARRY THAT WEIGHT**
1'36" (1969)
PAR : THE BEATLES
ALBUM : *ABBEY ROAD*

117. **THE END**
2'05" (1969)
PAR : THE BEATLES
ALBUM : *ABBEY ROAD*

118. **LET IT BE**
3'55" (1970)
PAR : THE BEATLES
ALBUM : *LET IT BE... NAKED*

119. **THIS NEVER HAPPENED BEFORE**
3'24" (2005)
PAR : PAUL McCARTNEY
ALBUM : *CHAOS AND CREATION IN THE BACKYARD*

120. **THE END OF THE END**
2'53" (2007)
PAR : PAUL McCARTNEY
ALBUM : *MEMORY ALMOST FULL*

121. **SEIZE THE DAY**
3'20" (2020)
PAR : PAUL McCARTNEY
ALBUM : *McCARTNEY III*

L'AUTEUR

Michka Assayas est né le 2 novembre 1958. Ancien élève de l'École Normale Supérieure de Saint-Cloud, il a collaboré dès son plus jeune âge, en 1980, à *Rock & Folk* et *Libération*, comme spécialiste du rock post-punk, un courant alors minoritaire (New Order, les Smiths, etc.).

Critique littéraire à *Libération* et éditorialiste aux *Inrockuptibles*, il publie en 2000 le *Dictionnaire du rock* dans la collection Bouquins chez Robert Laffont, remanié et réédité en 2014. Son livre de conversations avec le chanteur Bono du groupe U2, paru en 2005, a été traduit dans de nombreuses langues. Également écrivain, Michka Assayas a publié plusieurs récits et romans, dont *Exhibition* qui a obtenu le prix des Deux-Magots en 2003. Il programme et produit depuis 2015 une émission quotidienne pour France Inter, *Very Good Trip*, qui connaît un succès croissant depuis sa création, réunissant en moyenne 260.000 auditeurs par soir.

AU BORD DU LOCH EARN, EN ÉCOSSE, LE 20 OCTOBRE 1964. © MIRRORPIX / BRIDGEMAN IMAGES

REMERCIEMENTS

Michka Assayas tient à remercier Guy Messina, Charlie Chofflet et Maud Berthomier pour leur patience angélique. Et bien sûr Adèle Van Reeth, Yann Chouquet, Jocelyn Perrotin et Josépha Le Brun, sans qui rien de tout ça n'aurait existé.

DU MÊME AUTEUR :
VERY GOOD TRIP, UNE HISTOIRE INTIME DE LA MUSIQUE, ENTRETIENS AVEC MAUD BERTHOMIER (GM ÉDITIONS, 2022)
VERY GOOD BOWIE TRIP (GM ÉDITIONS, 2023)
VERY GOOD WOODSTOCK TRIP (GM ÉDITIONS, 2024)

BIBLIOGRAPHIE

PAUL MCCARTNEY : ***PAROLES ET SOUVENIRS DE 1956 À AUJOURD'HUI***, BUCHET-CHASTEL, 2021.
BARRY MILES : ***MANY YEARS FROM NOW : LES BEATLES, LES SIXTIES ET MOI***, FLAMMARION, 2004.

CRÉDITS ÉDITORIAUX

AUTEUR :
MICHKA ASSAYAS
CO-AUTEURE :
MAUD BERTHOMIER
DIRECTION ÉDITORIALE :
GM ÉDITIONS
DIRECTION ARTISTIQUE :
CHARLIE CHOFFLET
COORDINATION TECHNIQUE :
VITO MESSINA

IMPRIMÉ PAR
JUST COLOUR GRAPHIC / BARCELONE
DEPÔT LÉGAL /
DATE D'ACHÈVEMENT DU TIRAGE :
JUIN 2024
DATE DE PARUTION :
2024

103, RUE DE VAUGIRARD
75006, PARIS

CRÉDITS PHOTOGRAPHIQUES

COUVERTURE : **IMAGES PRESS / GETTY IMAGES**

CONTENU : P.2-3 : **IMAGES PRESS / GETTY IMAGES** / P.8-9 : **MIRRORPIX / BRIDGEMAN IMAGES** / P.10 : **BRIDGEMAN IMAGES** / P.16 : **TOUS DROITS RÉSERVÉS** / P.19 : **LINDA McCARTNEY / TOUS DROITS RÉSERVÉS** / P.23 : **GIJSBERT HANEKROOT / ALAMY BANQUE D'IMAGES** / P.24 : **GLOBE PHOTOS / ZUMAPRESS / BRIDGEMAN IMAGES** / P.41 : **REUTERS / BRAD RICKERBY / BRIDGEMAN IMAGES** / P.42 : **MARKA / UNIVERSAL IMAGES GROUP / BRIDGEMAN IMAGES** / P.51 : **MIRRORPIX / BRIDGEMAN IMAGES** / P.64-65 : **BRIDGEMAN IMAGES** / P.66 : **MIRRORPIX / BRIDGEMAN IMAGES** / P.68 : **MIRRORPIX / BRIDGEMAN IMAGES** / P.70 : **ZUMA PRESS INC. / ALAMY BANQUE D'IMAGES** / P.84 : **MIRRORPIX / BRIDGEMAN IMAGES** / P.87 : **ARCHIVO GBB / ALAMY BANQUE D'IMAGES** / P.99 : **MONDADORI PORTFOLIO / BRIDGEMAN IMAGES** / P.100 : **MIRRORPIX / BRIDGEMAN IMAGES** / P.111 : **BRIDGEMAN IMAGES** / P.116 : **MIRRORPIX / BRIDGEMAN IMAGES** / P.121 : **SSPL / MANCHESTER DAILY EXPRESS / UIG / BRIDGEMAN IMAGES** / P.128 : **KEYSTONE / ZUMA / BRIDGEMAN IMAGES** / P.134-135 : **MIRRORPIX / BRIDGEMAN IMAGES** / P.136 : **MIRRORPIX / BRIDGEMAN IMAGES** / P.141 : **KEYSTONE PRESS / ALAMY BANQUE D'IMAGES** / P.146 : **GRAHAM KEEN / TOUS DROITS RÉSERVÉS** / P.150 : **MIRRORPIX / BRIDGEMAN IMAGES** / P.152 : **GRAZIANO ARICI / ARCHIVIO ARICI / BRIDGEMAN IMAGES** / P.166-167 : **MIRRORPIX / BRIDGEMAN IMAGES** / P.175 : **MIRRORPIX / BRIDGEMAN IMAGES** / CERTAINES PHOTOGRAPHIES OU ILLUSTRATIONS CONTENUES DANS CET OUVRAGE NE SONT PAS RÉFÉRENCÉES. IL S'AGIT DE DOCUMENTS DONT LES AUTEURS N'ONT PAS PU ÊTRE IDENTIFIÉS MALGRÉ NOS RECHERCHES, NOUS REMERCIONS LES PERSONNES CONCERNÉES DE S'ADRESSER DIRECTEMENT À L'ÉDITEUR POUR FAIRE VALOIR LEURS DROITS SELON LES USAGES DE LA PROFESSION.